무주산골영화제
Muju Film Festival

Una Labo
Actorology

백은하 배우연구소

최
현
욱

next actor

Introduction

넥스트 액터 생태계

"잘 살았냐?"

매해 새로운 '넥스트 액터'를 선정할 때면, 언제나 지난 시리즈를 다시 꺼내 봅니다. 책의 마지막 페이지 'WHO'S THE NEXT _____'에 이르면 앞선 넥스트 액터들이 〈약한영웅 Class 2〉의 수호처럼 묻습니다.

"저기 뒤에 분들은 누구셔?"

그 질문 앞에, 저는 오래 고심한 이름을 내어 놓습니다. 부디 이 시리즈를 함께 만들어 온 그들에게도 흡족한 이름이기를 바라면서.

"보기 좋네."

그 한 마디가 돌아오길 기대하면서.

무주산 골영화제와 백은하 배우연구소가 공동 기획한 넥스트 액터 시리즈는, 2019년 박정민을 시작으로 고아성, 안재홍, 전여빈, 변요한, 고민시까지 다음 시대를 이끌어 갈 배우들의 이름을 차곡차곡 더해 가고 있습니다. 일곱 번째 넥스트 액터는 최현욱입니다. 〈스물다섯 스물하나〉의 '7반 이쁜이'라는 호명을 '7번째 넥스트 액터'로 이어받은 최현욱은 선도 높은 연기와 독보적인 탄성으로 빠르게 비상 중인, 가장 현재형의 배우입니다. 21세기에 태어난 첫 번째 넥스트 액터이기도 하죠. 반짝이는 목소리로 노래하는 청춘을 지나 어느덧 부조리한 사회의 이면과 어두운 인간의 심연까지 가닿은 배우 최현욱. 그의 얼굴 위에는 방향을 예측할 수 없는 화살표들이 가득합니다.

배우연구소는 언제나 기록의 중심에 '배우'를 놓는 작업을 해왔습니다. 그 취지에 따라, 이번 넥스트 액터 시리즈부터는 'FILMOGRAPHY'라는 단어 대신 'ACTOROGRAPHY'를 사용합니다. 지난 몇 년간, 배우 앞에 붙은 '영화(FILM)'라는 수식이 무색해질 만큼, 그들은 더 이상 단일한 서식처에 머무르지 않습니다. 영화에서 시리즈로 향하는 배우들의 이동은 단순한 플랫폼 환승이 아니라, 배우 생태계의 구조와 균형을 재편하는 막을 수 없는 물결처럼 보입니다. 한 명의 거대한 스타 배우가 더 이상 박스오피스, 시청률, 화제성을 담보할 수 없는 시대. 그 빈틈으로 경력과 노하우 대신 에너지와 돌파력으로 무장한 젊은 배우들이 무서운 속도로 등장하고 있습니다. 그들은 태생적으로 플랫폼의 경계를 의식할 필요가 없었던 최초의 인류입니다. 영화와 드라마, OTT 시리즈와 유튜브, 그 어떤 무대에도 주저함이 없습니다. 특정 매체에 대한 충성심이나 동경도,

이동에 대한 불안이나 죄책감도 존재하지 않습니다. 넥스트 액터의
발걸음은 질문 대신 행동으로, 전통 대신 진화로, 서열 대신 서사로
향하고 있습니다.

특히 배우 최현욱이 보여준 지난 6년간의 밀도 있는 궤적은 흥미로운
케이스 스터디입니다. 그를 글로벌 스타로 급부상시킨 〈약한영웅〉
시리즈는, 산업과 배우 생태계의 유기적 변화를 설명하는 가장 적절한
예일 것입니다. 국내 스트리밍 서비스인 '웨이브'에서의 성공을 도약대로,
글로벌 스트리밍 서비스 '넷플릭스'로 전학 간 〈약한영웅〉 시리즈는
'Class 2'의 공개와 함께 비영어권 세계 1위를 차지했습니다. 이 작품의
중심에 선 20대 배우들의 서로 다른 이력도 주목할 만합니다. 2002년 생
최현욱은 한림예고 시절 웹드라마로 데뷔해 또래들과 함께 연기의
걸음마를 익혔습니다. 그리고 2021년 지상파 드라마로 저벅저벅 걸어
들어간 후, 현재 케이블 드라마와 스트리밍 서비스를 날아다니며 활약
중입니다. 1999년 생 박지훈은 지상파 드라마 아역을 거쳐 아이돌로
사랑받다 배우 폴더에 확실히 저장되었고, 1996년 생 홍경은 한양대
연극영화과를 졸업하고 예술 영화의 지반 위에서 성장한 소문난
시네필이죠. 변화하는 환경에 적응하며 서식지를 넓혀 가는 생명체처럼,
이들 세대가 일으킬 흥미로운 교란 활동이 배우 생태계를 확장하고
진화시킬 것이라 확신합니다.

사실 최현욱이 일곱 번째 넥스트 액터가 되기까지, 그의 손을
잡아 이끈 숨은 조력자들이 있습니다. 이 명석한 동료 배우들은 어쩌면
본능적으로 알고 있었을 겁니다. 배우들의 생태계는 경쟁보다는 순환과
공존으로 유지된다는 사실을요. 최현욱이라는 새로운 개체의 등장이

만들어 낸 건강한 긴장감이, 자신들의 진화를 더욱 촉진하기를
기대하면서 말입니다. 이 지면을 빌려 두 귀인에게 감사의 인사를
전합니다. 어느덧 '넥스트 액터'가 동료를 추천하고 동료에게 권하는
프로그램으로 자리 잡았다는 사실이 벅차고도 뿌듯합니다.
서로가 서로의 비옥한 환경이 되어 주세요. 당신들이 만들어 갈
넥스트 액터 생태계가, 벌써부터 기대됩니다.

2025년 5월
봄의 맨 끝줄에서
백은하

ACTORO GRAPHY

ACTORO GRAPHY

〈모범택시〉

D 감독
C 캐릭터

2019

〈리얼:타임:러브〉

[웹드라마]

리얼:타임:러브 PART 1
D 박하은, 박홍재
C 문예찬

2020

〈지리산〉

웹드라마

리얼:타임:러브 PART 2
D 박하은
C 문예찬

웹드라마

만찢남녀
D 왕혜령
C 노예준

웹드라마

리얼:타임:러브 PART 3
D 박하은
C 문예찬

웹드라마

리얼:타임:러브 PART 4
D 박하은
C 문예찬

2021

SBS

모범택시
D 박준우
C 박승태

SBS

라켓소년단
D 조영광, 안종연
C 나우찬

tvN

지리산
D 이응복, 박소현
C 임철경

2022

tvN

스물다섯 스물하나
D 정지현, 김승호
C 문지웅

웨이브

약한영웅 Class 1
D 유수민, 박단희
C 안수호

2023

NETFLIX

D.P. 2
D 한준희
C 신아휘

tvN

반짝이는 워터멜론
D 손정현, 유범상
C 하이찬

U+모바일tv

하이쿠키
D 송민엽
C 서호수

〈스물다섯 스물하나〉

〈하이큐키〉

SOON

NETFLIX

맨 끝줄 소년
D 김규태
C 이강

2025

tvN

그놈은 흑염룡
D 이수현
C 반주연

NETFLIX

약한영웅 Class 2
D 유수민
C 안수호

〈그놈은 흑염룡〉

ABOUT

최현욱101

BALI 2025 ©Choi Hyunwook

이름

최현욱 崔顯旭.
'나타날 현', '빛날 욱'. 수성 최 씨.
원래 할머니, 할아버지가 지어주신
이름은 최현준이었는데, 아기 때
바꿨다더라고요. 가끔 '최현준'으로
살았으면 어땠을까 생각해요.
약간 마음에 들긴 하거든요.

생일, 혈액형

2002년 1월 30일, O형

첫 덕질

『마법천자문』만화책을 진짜
많이 봤어요. 맨 앞 소개 페이지에
있는 캐릭터 그림을 매번 가위로
오려서 걔네들이랑 계속 놀았어요.
상상하면서 싸움도 붙이고.

첫 정주행

할머니랑 주말 드라마, 아침 드라마
보는 걸 되게 좋아했어요. 특히
〈가족끼리 왜 이래〉는 유일하게
기다렸던 드라마였죠. 할머니가
진짜 몰입해서 보셨는데, 그 옆에서
따라 보던 저도 덩달아 영향을 많이
받았죠. 아! 그리고 엄마 몰래 WWE
중계를 진짜 열심히 봤어요. 경기를
보고 나면 제 키만 한 곰인형과
엉켜서 레슬링 하던 기억이 나요.

육아 난이도 상?

이모 집에서 에프킬라 한 통을 다 뿌리고 노는 개구쟁이였대요. 고집도 보통이 아니고. 초등학교 2학년 때 간 스키캠프에서 친구들과 함께 굴러 떨어진 사고가 일어났는데 구급차에 혼자만 타지 않았어요. 그때 스키장 전체에 영화 〈국가대표〉 O.S.T. 'Butterfly'가 흐르고 있었거든요. "날개를 펴- 날아올라- 세상 위로~" 뭔가 그 노래에 취했던 것 같아요. 저는 걸어가겠습니다! 하고 진짜 끝까지 걸어 내려왔어요. 체감상으로는 한 시간 쯤 걸렸던 것 같아요. 남들과 다른 길을 가고 싶어 하는 마음이 어릴 때부터 있었나 봐요. 마음이 이끄는 대로, 내 길은 내가 간다, 랄까. (웃음)

눈과 머리

모두 밝은 자연 갈색. 초등학교 1학년 때부터 안경을 쓰다가 고등학교 1학년 때 처음 렌즈를 꼈는데, 한동안은 허전한 느낌이 들어서 이상했어요.

왼쪽 눈 밑 점

위치가 마음에 들어요. 〈반짝이는 워터멜론〉 때는 좀 더 선명하게 찍고 나왔어요. 이찬이는 그런 매력이 있는 친구였고, 당시 〈하이쿠키〉와 동시에 촬영하던 상황이라 점을 찍는 것 하나로 캐릭터의 마음가짐을 다르게 할 수 있었어요.

별명

어릴 땐 주변에서 그냥 '욱아'라고 많이 불렸고, 친구들은 '우가' 혹은 '우가우가'. 그 외에는 '감자', 정도? 팬분들이 여전히 '감자'라고도 많이 불러주시고요.

거울 볼 때 제일 먼저 확인하는 건?

그날의 분위기. 같은 옷을 입어도 안 어울리는 날이 있고, 무난하게 입어도 괜찮아 보이기도 하거든요. 구체적인 이목구비보다, 그날의 느낌과 분위기를 체크하는 게 제일 중요해요.

좋아하는 색

파란색과 보라색 사이에서
안정감을 느껴요. 빨간색, 초록색,
검은색, 갈색도 좋아해요. 매번
바뀌어요. 그런데 무지개색은 안
좋아해요. 섞이는 건 싫어요. 대신
무지개는 좋아요.

제일 좋아하는 숫자

4. 누군가는 불운의 숫자로
여기겠지만 저는 4가 좋아요. 아주
어릴 때 별자리 관측 현장 학습을
갔는데, 그때 들었던 제 행운의
숫자가 4였어요.

래퍼가 된다면 랩네임은?

비모(BMO). 〈핀과 제이크의
어드벤처 타임〉이라는
애니메이션에 나오는 되게 귀여운
로봇 캐릭터인데, 배터리를 갈아야
되는 친구예요. 누가 비모가
저 같다고 말씀해 주셔서 그냥
좋아요. 래퍼 비모, 로 할게요.

요즘 플레이리스트

오아시스, 김필선, 유다빈
밴드가 커버한 크라잉넛의 '좋지
아니한가', 아! 〈싱 스트리트〉
O.S.T.도 좋죠. 록, 팝, 힙합 다 섞여
있어요. 알고리즘이 선택해 주기
되게 어려운 타입의 인간 같아요.

길티 플레저

음식 두세 개 시키기. 혼자 밥
먹으러 가도 무조건 메뉴를 두 개
이상 시켜요. 국밥이라면 수육
아니면 만두를 더하는 식으로.
그냥 다 맛을 보고 싶어요.

소울푸드

치킨. 원래는 양념파였는데 요즘은
후라이드에 양념을 찍어 먹는 걸
좋아하게 되었어요.

요즘 취미

길을 걷다가 사람 많지 않은 허름한 밥집이 있으면 그냥 들어가요. 왜 그런 곳 있잖아요. 동네에 한두 개 있는, 한식 메뉴에 아주머니 사장님 앉아 계신 식당. 오후 3, 4시쯤 들어가면 할아버지 한두 분이 앉아서 막걸리나 소주로 낮술 드시고 계세요. 서로 싱거운 농담 하시면서. 한가하고 여유로워요. 그런 분위기 속에 앉아 배달 음식 말고 든든한 집밥 같은 한 끼를 먹는 게 요즘 저의 즐거움이자 낭만입니다.

좋아하는 계절

사람 최현욱은 여름, 배우 최현욱은 겨울. 땀도 많지만, 추울 때 연기하는 게 확실히 더 집중이 잘 되는 것 같아요.

좋아하는 사람

배우 홍경. 그만큼 표현이 됐는지, 형에게 가닿았는지는 모르겠지만 정말 좋아하고 또 존경해요. 형이 영화와 연기를 사랑하는 마음, 지독하다고 느낄 만큼의 노력, 타인을 대하는 부드럽고 유연한 태도까지. 옆에서 보면서 정말 많은 것을 배워요.

소년 시절의 영화

〈글러브〉를 보고 정말 많이 울었어요. 당시 야구를 하고 있었기 때문에 이입한 건 당연했고, 청각장애 야구부의 실화라서 더 현실감이 느껴졌죠. 자기 선수들을 모욕하는 상대 팀에게 가서 큰소리칠 수 있는 감독님, 그런 어른에 대한 동경심도 있었던 것 같고요.

내 인생을 바꾼 영화

야구를 그만두고 본 〈군함도〉,
〈신과 함께〉. 영화 자체도
재밌었지만, 영화를 본 후 저의
상태에 몰입했던 것 같아요.
나는 왜 이렇게 울고 있을까?,
왜 이런 기분이 들까? 집에 가서도
계속 생각했어요. 새로운 진로를
고민하고, 진짜 하고 싶은 걸 찾던
시기였기 때문이었을 거예요.
바로 어머니에게 연기하고 싶다고
말씀드렸죠. 한림예고 다닐 때 보고
오열했던 영화는 〈소년 시절의 너〉.

다시 봐도 좋은 영화

〈돈 룩 업〉을 네 번쯤 본 것 같아요.
항상 지구 멸망한다, 운석이
충돌한다, 같은 말을 하잖아요.
하지만 대부분은 뭔 소리야?
맨날 그런 말, 지겹다 하면서
안 믿고. 어쩌면 누군가는 정말
진실을 외치고 있는지도 모르는데
말이죠. 마냥 코미디로만 보이진
않더라고요. 어떻게 보면 무서운
현실에 가까웠어요.

내일 세계가 멸망한다면?

싫어했던 사람들, 좋아하는 사람들
다 한자리에 모으고 싶어요.
어차피 내일 멸망하는데 우리 그냥
서로 악수하고 소주 한잔 먹고, 좋게
끝내자! 할 것 같아요.

내 인생이 영화라면 첫 장면은?

수업 도중에 한림예고 합격 문자를
받고, 교실 복도를 소리치며
뛰어가던 모습. 아니면 명절 때
"야구 그만두고 뭐 할래?" 묻던
친척들에게 "이제 연기라는 걸
시작하고 싶어요"라고 선언하던
순간.

촬영장에 꼭 챙겨가는
나만의 아이템?

영양제, 텀블러, 립밤, 아이드롭.
목도 눈도 입술도 건조한 편이라
수시로 발라주고 넣어줘야 돼요.
땀을 많이 흘려서 그런가?

긴장과 떨림을 없애는
나만의 비법

야구할 때도 다음날 경기가 있으면
자기 전에 눈을 감고 구체적으로
경기의 진행을 상상하는 '이미지
트레이닝' 습관을 길렀어요. 연기는
스포츠와는 다르겠지만, 아직도
긴장되는 순간을 앞두면 이미지
트레이닝을 해요. 결국 모든 게
마음가짐에 달린 것 같아요.
리딩할 때 특히 긴장 많이 하는데,
그런 순간엔 혼자 주문을 걸어요.
"이 순간은 다시 돌아오지 않는다,
후회하지 말자"라고.

행복 루틴

반신욕. 하루라도 안 하면 뭔가
불안해요. 한두 시간은 꼭! 여유가
있으면 최대한 길게. 건강에도 좋고,
마음의 안정을 안겨줘요. 운동
선수들은 치료 목적으로도 하니까.
어렸을 때 반신욕 하면서 항상
짜요짜요를 먹었던 기억이 나요.

버킷리스트

스카이다이빙. 하늘 위에서 보는
세상은 얼마나 경이로울지
꼭 한 번은 느껴보고 싶어요.

인생의 한 순간으로
다시 돌아간다면?

할머니가 살아 계셨던 시간.
낮에 심심하면 초록색 모포를 깔고
각자 용돈 걸고 할머니랑 화투를
치고 놀았어요. 그리고 할머니가
만들어주신 묵은지 등갈비 김치찜을
먹었죠. 아직까지도 그 맛을 이기는
건 없었던 것 같아요.
아- 할머니랑 화투 친 다음에
같이 김치찜 먹으면 너무 좋겠다.
그럴 수만 있다면 진짜 진짜 행복할
것 같아요.

그곳이 어디든 지금까지 한 번도
가보지 않은 곳으로 떠나보고
싶어요. 새로운 풍경, 이국적인
디자인, 낯선 공기가 있는 곳으로.

SEIKA IWASHITA

KAZUHITO MURATA
GO POP

32

ROCK/POPS
NEIL YOUNG
OLIVIA NEWTON JOHN
ROCK/POPS

ABOUT

HW노래방

노래가 함께하는 즐거운 시간

청춘클럽 메들리

질투	1298	유승범	반짝이는 워터멜론
Ditto	29066	NewJeans	뮤직비디오
Starlight	23655	태일(TAEIL)	스물다섯 스물하나
마법의 성	3514	더 클래식	반짝이는 워터멜론
우리의 꿈	64644	코요태	그놈은 흑염룡
해결사	4553	신화	스물다섯 스물하나
사랑 없는 노래	77445	이구이(IGWI)	리얼:타임:러브
지금처럼 (Will Be)	77329	THE BOYZ	라켓소년단

등하교입대 메들리

Hero	68510	Meego	약한영웅 시리즈
RAINY DAYS	89972	유라(youra)	하이쿠키
SILENCE	24813	YB(윤도현 밴드)	모범택시 시즌 1
스물다섯 스물하나	37545	자우림	스물다섯 스물하나
SHINING	85410	김한겸	반짝이는 워터멜론
지금처럼	77329	더보이즈	라켓소년단
Crazy	80356	케빈오, 프라이머리	D.P. 시리즈

《반짝이는 워터멜론》

노래가 함께하는 즐거운 시간

감성폭발 메들리

Stay	9442	넬(NELL)	그놈은 흑염룡
소녀	3674	이문세	리얼:타임:러브
반짝이는 그대에게	34687	정준일	반짝이는 워터멜론
골목길	80516	이하이, 성시경	뮤직비디오
부산에 가면	90333	에코브릿지, 최백호	라켓소년단
그대가 소중해	85322	스탠딩 에그	반짝이는 워터멜론
Rain	8333	이적	스물다섯 스물하나

솔로탈출 메들리

자니	58559	프라이머리	약한영웅 Class 1
나는 아픈 건 딱 질색이니까	80872	(여자)아이들	제3회 청룡시리즈어워즈
세상에 뿌려진 사랑만큼	1206	이승환	반짝이는 워터멜론
그대가 해준 말	80759	이하이	뮤직비디오
고해	7033	임재범	그놈은 흑염룡
With	81339	김태리, 남주혁, 보나, 최현욱, 이주명	스물다섯 스물하나

FACES

문 예 찬

안 수 호

박 승 태

서 호 수

하 이 찬

임 철 경

나우찬

〈라켓소년단〉
2021

해남서중 배드민턴부의 수비왕. 누구보다 열심히 배드민턴을 치지만 에이스는 아니다. 어른들은 말한다. 피라미드 같은 승부의 세계에선 모두가 서로의 잠재적인 라이벌이라고. 하지만 우찬은 "실력의 서열 정리"에는 관심이 없다. 스매시를 날리기 전부터 수비를 생각하는 이 소년에게 중요한 건 개인 기량을 뽐내는 일이 아니라, 함께 땀 흘리는 친구들이다. 우찬은 그저, 같이 놀고 싶다.

특히 "우찬이 성(형)"만 봐도 기분이 "D지는" 용태(김강훈)와는 껌딱지처럼 찰싹 붙어 다닌다. 작고 귀여운 용태와 길고 든든한 우찬은, 마치 셔틀콕과 라켓 같은 "영혼의 단짝"이다. 손을 꼭 잡고, 백허그를 하고, 서로의 무릎을 베고 눕는다. 데이터를 나누고, 하이파이브를 하고, 눈물도 함께 흘린다. 형이자 친구이자 가족인 우찬이 독초를 먹고 쓰러졌을 때, 해독제인 싱아를 먹여 살려낸 생명의 은인 역시 용태다.

어른들은 또 말한다. "학창 시절의 형·동생·친구 사이만큼 부질없고 쉽게 잊혀지는 것도 없다"고. 하지만 버스 뒷좌석을 쪼르르 채운 사총사, 해강(탕준상), 윤담(손상연), 용태와 함께라면 우찬은 '방탄소년단'도 부럽지 않다. 봄밤, 서로의 배를 베고 평상에 누워 있는 아이들은 단단히 엮인 사각매듭 같다. 이들 사이는 쉽게 풀리지도, 쉽게 잊히지도 않을 것이다.

"싫습니다. 저 배드민턴 계속 할 거고, 전학도 안 갈 겁니다." 아버지와 우찬 사이엔 절대 한 팀이 될 수 없을 만큼 높고 팽팽한 네트가 가로놓여 있었다. 우찬은 엄격한 직업 군인인 아버지가 "자식이 좋아하는 걸 응원하지 않는" 사람이라 믿고 있었다. 하지만 어느 날, 그런 아버지가 자신의 경기를 남몰래 지켜보고 있었다는 사실을 알게 된다.

"그냥 죽기 살기로 뛰어라. 방금 그 게임이 꼭 마지막인 것처럼, 그리고 마치 뭔가 꼭 증명해야 되는 사람처럼." 우찬은 보여주고 싶다. 왜 배드민턴인지, 왜 꼭 이 친구들과 함께여야 했는지. 어깨가 탈구된 상황에서도 끝까지 코트를 지키려 했던 이유는, 단지 이기고 싶어서가 아니다. 승자도 패자도 없는 우정의 경기. 좋아하는 것을 계속 좋아해도 괜찮은 세계. 우찬은 그 마음을 지키고 싶었다. "나우찬, 열심히 해봐. 네가 좋아하는 거." 처음으로 '아버지'가 아닌 '아빠'라고 부른 그 순간, 우찬은 아이처럼 엉엉 운다. 응원이라는 이름의 싱아를 먹은 아이는, 다시 일어나 힘차게 라켓을 쥔다.

최현욱이 말하는 〈라켓소년단〉

오디션이 처음은 아니었지만 그렇다고 많이 본 편도 아니었다.
조영광, 안종연 감독님과 정보훈 작가님이 앉아계셨다. 키가
몇이야?라고 물어보셔서 그때 내 키는 180 점 몇 cm 정도였는데,
좀 더 올려야 되는 줄 알고 181cm이라고 대답했다. "우리는… 중학생
드라마인데 너무 큰 거 아니야?…" 하는 반응이었다. 앗! 사실은
179cm입니다!라며 1cm 정도 내려버렸다. 그렇게 나는 해남서중 3학년
나우찬이 되었다.

당시에는 어떤 역할을 맡든 늘 '나'를 대입해 연기했던 것 같다.
가장 빠르게 캐릭터에 이입할 수 있는 방법이었다. 김상경 선배님
대사 중에 "그래도 우리 운동했었잖아"란 말이 나온다. 나도 운동을
했던 사람이었다. 우찬의 아버지가 경기장에 찾아오는 장면은 감정의
빌드업이 정말 좋았다. 한 번도 자기를 인정해주지 않았다고 생각했던
아버지였다. 그런 사람이 사실은 늘 어딘가에서 나를 지켜보고 있었단
걸 알게 되는 순간, 우찬이는 어떤 마음이었을까? 야구장에 어머니가
와 계셨을 때 기분을 떠올려보면 대본만 봐도 이미 눈물이 맺혔다.

촬영 중 가장 강렬했던 기억은 배드민턴부 배 감독님, 신정근
선배님이 보여준 모습이었다. 방윤담을 연기했던 (손) 상연이가 선배님
앞에서 우는 신을 찍을 때였다. 시간이 흘러도 좀처럼 눈물이 터지지
않는 상연이 앞에서 정근 선배님은 오래도록 조용히 기다려 주셨다.
"상연아…" 갑자기 캐릭터가 아닌 배우의 이름을 나지막이 부르셨다.
그리고 평소에 선배님이 상연이를 어떻게 생각해 오셨는지 그 마음을
다정하게 하나하나 이야기해 주셨다. 자연스럽게 눈물이 흘러나왔다.
그 모습을 지켜보던 나도, 현장의 스태프 분들도 울고 있었다. 아, 저런
사람이 배우구나, 저런 분이 선배님이시구나, 나도 저렇게 크고 싶다고
생각했다.

처음엔 상연이, (탕) 준상이, (김) 강훈이, 모두 동갑에 동생이라
어쩐지 좀 더 형 같은 모습을 보여줘야겠다 생각했다. 결과적으로
정작 내가 제일 많은 걸 배웠던 현장이었다. 특히 내 단짝 강훈이가
울면 나도 따라 같이 울게 되었다. 어떻게 저런 감정이 저렇게 어린
친구한테서 나올 수 있을까? 매번 놀랄 만큼. 진짜 좋은 배우란
걸 계속 느꼈다. 항상 함께 작업한 배우들을 사랑하게 되지만
〈라켓소년단〉은 유독 더 그랬다. 진심 사랑했던 것 같다. 그런 마음이
지금 봐도 작품에 고스란히 다 묻어 나온다.

지방 촬영이 유독 많았던 드라마였고 배드민턴 대회 신은
천안, 순천에서 찍기도 했다. 길게는 7박 8일 지방에 내려가서 진짜
합숙하는 운동부처럼 지내기도 했다. 늘 같이 밥을 먹었고, 쉴 때도
같이 쉬고, 사이사이 배드민턴도 함께 치고, 웃음을 못 참아 가끔 혼이
날 정도로 웃었다. 겨우 스무 살 때였으니 그냥 모든 게 재미있었다.
그 나이대만 할 수 있는 역할들이었고 서로의 에너지를 자연스레
흡수했다. 그렇게 만들어진 끈끈한 팀워크로 절대 나 혼자서 할 수
없는 많은 것들을 해냈다. 애드리브도 많았지만 그 역시 다 같이
만들어 낸 거였다. 이렇게 해볼래? 하면 이렇게 하자!는 마음이 척척

최현욱이 말하는 〈라켓소년단〉

맞아떨어졌다. 야구부 합숙 때와 닮은 환경이었지만 또 전혀 달랐다.
운동하던 시절을 떠올릴 때마다 내 마음 한구석을 무겁게 짓눌렀던
무언가가 조금씩 비워지는 느낌이었다. 즐겁구나. 행복하구나. 드라마
방영이 끝난 후 정보훈 작가님이 연락을 주셨다. 잘해줘서 고맙다고,
진짜 중학생 친구들의 모습을 본 것 같다고.

안수호

〈약한영웅〉 Class 1, Class 2
2022 2025

벽산고 1학년 6반의 잠자는 수호천사. 수호는 잘 잔다. 책상 세 개와 휴대용 팔베개만 있다면 어디서든 숙면이다. 수업 시간에도, 쉬는 시간에도, 수업이 끝나도 잔다. 하지만 사람들은 자꾸 수호를 깨운다. 화난 야구부원들도, 급식 먹자고 찾아온 시은(박지훈)이도, 위험에 처한 시은이를 구하자고 범석(홍경)이도 깨운다. 그때마다 수호는 찡그린 얼굴로, 깜짝 놀란 개구리처럼 잘도 일어난다.

일단 깨고 나면, 이보다 더 바쁜 사람도 없다. 대학은 못 가더라도 "졸업장이랑 개근상은 받아야 한다"는 할머니 말씀을 따라, 다리가 부러져도 일단 학교에는 간다. "집에 가면 못 일어날까 봐" 푸른 새벽 오토바이를 타고 등교해, 지난밤 노동의 흔적을 교직원 샤워실에서 씻어낸다. 급우들의 싸움도 말려야 하고, 날아오는 주먹도 막아야 한다. 하교 후에는 다시 오토바이 배달, 고깃집, 주말에는 이삿짐센터 아르바이트까지, 바쁘다.

그래서 수호는 늘 배고프다. "뱃속에 거지가 들었나" 싶을 만큼 허기지다. 먹는 거라면 "5분 이상"은 못 기다리는 수호는, 살면서 사는 얘기 하듯 먹으면서도 계속 먹는 이야기를

한다. 상추 두 장에 고기 두 점, 쌈장에 "손맛"까지 더하는 스타일과 함께, 밥 한 술을 떠도 고기 한 쌈을 싸도 "한입 가득 넣고 조져줘야 찐"이라는 확고한 미식 철학을 가지고 있다. 그런 수호가 "다음에 밥이나 한번 쏴"라고 말한다면, 그건 200% 진심이다. 수호의 등장과 함께, 나 홀로 삼각김밥을 씹던 시은의 삶과 식탁은 그 어느 때보다 풍성해진다.

"나? 방금 잠에서 깬 수호천사… 같은 거?" 얼핏 보면, 잘 먹고 잘 자는 키 큰 신생아 같지만, 수호는 자칭 "벽산고 대표"다. 교실의 수호자를 자처하지만 타인의 삶에 함부로 개입하지는 않는다. 그저 아무도 절벽 아래로 떨어지지 않기를, 모두가 "선"을 지켜주길 바라는 '호밀밭의 파수꾼' 같은 마음으로 교실 맨 뒤에서 잠을 청할 뿐이다. 하지만 시은에게는 한 발짝 더 들어간다. 수호는 책과 볼펜을 무기 삼아 브레이크 없이 폭주하는 시은의 뒷덜미를 잡아 멈춘다.

수호는 영이(이연)와 시은이 준비한 생일 파티룸에서 또 잔다. 그리고 자신이 잠든 사이, 시은이 자기 대신 겪어야 했던 일을 듣게 된다. 모두에게 제대로 사과할 줄 아는 수호는, 모든 비극을 시작한 범석에게도 진심 어린 사과를 받아내려 한다. 하지만 그 과정에서, 수호는 영원

같은 잠에 빠져든다. 파수꾼이 사라진
몇 번의 계절 동안, 아이들은 추락하고,
다치고, 다시 일어났다. 시은은 이제
새로운 친구들의 파수꾼이 되어, 마침내
잠에서 깨어난 오랜 친구를 찾아온다.
수호는 시은에게 "잘 살았냐?"라고
묻는다. 마지막 인사였던 그 말은,
다시 시작의 인사가 되었다.

최현욱이 말하는 〈약한영웅〉

　　내가 이렇게 멋있는 사람을 연기할 수 있을까. 솔직히 안 하고 싶었다. 하기 싫다가 아니라 자신이 없었다. 대본 속 수호는 동경의 대상으로까지 느껴졌다. 동시에 마음 한편으로는 나도 이런 사람이 되고 싶었다. 그 어떤 인물보다 연기해보고 싶었다. 그래서 그냥 일단 부딪쳐 보기로 했다. 승부욕이었는지 오기였는지 모르겠다. 어쩌면 야구했을 때의 패기가 아직 남아 있었던 걸까. 그게 무엇이든, 어떻게든 그냥 해보자고 생각했다. 하지만 첫 대본 리딩 날이 다가올 때까지도 자신이 없었다. 전체 리딩을 끝내고 나서는 절망감이 몰려왔다. 쫑파티 장 밖에 서있는 나철 선배님에게 달려갔다. 선배님, 저 좀 도와주세요. 길수 역을 연기한 동료 배우로 같은 작품에서 만났지만 고 나철 선배님은 나의 선생님이자 사실 수호를 만들어 내는 데 제일 큰 역할을 해준 사람이었다. 연기에 대해 통화도 많이 했고, 서울숲을 바라보며 몇 시간이고 이야기를 나눴던 날도 있었다. 수호는 그 결과다.

　　수호 덕분에 나는 정말 많이 달라졌다. 성격도 수호처럼 바뀌어갔다. 극 안에서도 현장에서도 막내라고 수동적으로 있기보다는 동생으로서 오히려 더 형들에게 다가갔다. 저 동료들의 내면을 더 이끌어 내고 싶다는 마음까지 생겼다. 그렇게 촬영장 안팎에서 조금씩 노력을 하던 끝에 어느덧 나는 수호가 돼 있었고 한동안은 수호로 살았던 것 같다. 범석이와 수호가 노래방 복도에서 감정이 고조되어 싸우는 장면에 대해 유수민 감독님이 하셨던 말씀이 생각난다. 현장에서는 이거 수호가 아니라 현욱인데?라고 생각했는데 편집본을 붙이고 보니까 그것 또한 수호 같다는 생각이 들었다고. 노래방 옆 좁은 공간에서 그 신을 (홍) 경이 형과 준비했는데 아직도 형의 호흡과 에너지가 고스란히 기억난다. 지금 이 사람을 누구도 방해할 수 없겠다는 기운이 온몸으로 느껴졌다. 그래서 그 신 들어가는 순간 나도 모르게 범석이한테 진심으로 화가 났던 것 같다. 범석이의 멱살을 잡고 경이 형 목에 상처가 날 만큼 밀치면서 찍었던

최현욱이 말하는 〈약한영웅〉

기억이 난다. (형, 너무 미안해) 지금보다 더 어리고 더 에너지가 넘칠 때 안수호를 만난 것도, 경이 형, 지훈이 형, 한준희 감독님, 유수민 감독님에게도 너무 감사할 따름이다.

　여전히 수호는 배우로서 만족도가 제일 높은 캐릭터 중 하나다. 제일 잘했다는 말이 아니다. 제일 후회를 덜 남겼다는 말이다. 짧은 애드리브부터 작은 설정까지 의견도 많이 냈다. 애초 수호의 헤어는 앞머리를 넘긴 '깐머리' 스타일이었다. 하지만 이 친구는 보이는 멋보다는 몸에서 자연스럽게 나오는 멋이 더 중요하다는 생각이 들었다. 오히려 아무 설정도 안 하면 좋겠다고 의견을 냈다. 고민도 많았다. 한번은 현장에서 엄청나게 에너지를 쓰고 집에 돌아와 혼자 운 적도 있었다. 이렇게 하는 게 맞나? 내가 지금 잘하고 있나? 계속 노력하고 있음에도 불구하고 혼자 있으면 걱정이 밀려왔다. 이해하고도 싶었다. 얼핏 밝아 보이지만 그 안에 외로운 면을 가진 친구라는 걸 표현하고 싶었다. 도가니탕을 사서 다시 병실로 온 시은이에게 "뭐야 이 새끼… 너 너무 따뜻하잖아. 네 눈빛, 행동, 말투, 표정, 더럽다고 기분이"라고 정색하지만 외로운 수호는 그때 시은이의 마음을 느꼈을 것이다. 시은이가 처음으로 웃는 모습을 보는 게 너무 좋았다.

　〈약한영웅〉을 다 찍고 나서, 아니 촬영 중에도 그런 생각을 했다. 혹시 이 작품의 결과가 좋지 않다고 해도 상관없다고. 드라마로 치자면, 시청률 0%가 돼도 괜찮다고. 그만큼 치열하게 준비했고 치열하게 찍은 작품이었다. 이미 나에게 〈약한영웅〉은 무엇도 그 의미를 훼손할 수 없을 만큼 너무 소중한 작품이 되어 있었다. 물론 좋은 결과가 나왔을 때 그 기쁨은 배가 되었다. 유일한 후회는 단 하나, '집에 와서 밥 한번 먹자' 하셨던 나철 선배님과의 약속을 지키지 못한 채, 결국 그 얼굴을 장례식에서 다시 마주한 일이다. 수호를 연기할 자신이 없다고 했을 때 형이 했던 말이 기억난다. "현욱아, 계속 자신이 없어야 하는 거 아닐까? 자기 연기를 계속 몰라야 하지 않을까? 그래서 나는 계속 연기를 하고 있는 것 같아." 아직도 계속 자신이 없고 여전히 모르는 게 너무 많은 나는, 그래서 계속 연기를 하고 있다. 그런데 이제 이걸 누구에게 물어봐야 할지 모르겠다.

신아휘

⟨D.P.2⟩
2023

61사단 수색중대 1분대장. 지뢰를 밟은 일병 신아휘를 하사 나중석 (임성재)이 구하고 사망하는 사건이 발생한다. 사건 당일 21시 40분부터 22시 30분까지 나중석과 철책을 점검 중이던 신아휘는 지뢰를 밟게 되고, 평소 부대원들을 형처럼 살뜰히 챙기던 나 하사는 지뢰를 해체하던 과정에서 폭사한다. 신아휘는 이 비극의 마지막 목격자이자 유일한 생존자다.

유가족의 요구로 재수사가 시작되면서, 아휘를 조사하기 위해 헌병대장 보좌관인 임지섭(손석구) 대위와 안준호(정해인) 이병이 "폐쇄된 섬" 같은 사건 현장으로 향한다. 신아휘는 첫 만남부터 어딘가 불길한 기운을 풍긴다. 광기 어린 맹한 눈으로 라이터의 부싯돌을 부딪치며 외부인을 경계하듯 응시하는 검은 얼굴. 군인은 달리는 차 유리창을 향해 불씨가 살아 있는 담배를 비웃듯 던져버린다. 때마침 날아오던 까마귀는 자동차 앞 유리에 부딪혀 바닥으로 떨어진다. 아스팔트 위에 내장을 드러낸 채 죽어가고 있는 까마귀는 아휘의 잔상과 겹쳐지며 불운한 징조를 더욱 가중시킨다.

"또 그 지겨운 음모론이야? 내가, 우리가, 이 G.P.에서 나중석 하사를 어떻게 해버렸는데, 그걸 안 들키려고 사건을 짬 시켰다는 그 음모론?" 지섭의 눈에 비친 신아휘는 "병이건 간부건, 만만해 보이면 일단 그냥 잡아먹으려 드는 새끼"다. 하지만 그곳에 발을 들인 후, 뭐든 잡아먹으려 흥분한 사람은 지섭이다. "얼마 안 게셨는데도 표정이 바뀌셨네요" 라는 아휘의 진단은 정확하다. 폭력과 의심은 전염병처럼 빠르게 확산된다.

"정황이란 건 말이야, 되게 애매모호한 거야. 겪은 사람마다 다른 거거든." 구로사와 아키라의 〈라쇼몽〉은 한 사무라이의 죽음을 둘러싼 네 명의 서로 다른 증언들로 전개된다. 죽은 사무라이의 아내는, 자신을 포함한 네 명의 증언 속에서 겁탈당한 피해자, 버려진 아내, 잔인한 요부로 묘사된다. 신아휘도 마찬가지다. '지뢰'라고 쓰인 붉은 경고판, 손전등, 폭발의 굉음과 나중석의 죽음, 그리고 신아휘라는 공통분모를 제외하면, 각기 다른 정황과 시선, 기억에 따라 신아휘는 전혀 다른 인물이 되어버린다. 두 팔을 덮고 있는 참혹한 화상 자국만이 그날 사고의 규모와 정도를 말없이 증명해 줄 뿐이다. 신아휘는 누구인가? 신상기록부의 정보는 아무것도 알려주지 않는다. 의도적으로 긁어 이목구비를 지운 듯한 증명사진이, 오히려 그에 대한 단서일지도 모른다.

최현욱이 말하는 〈D.P. 2〉

　　〈약한영웅〉으로 부산국제영화제에 초청되었을 때 그 짧은 군인 머리로 레드카펫을 걷게 된 사연은 당시 〈D.P. 2〉를 촬영하고 있었기 때문이었다. 그러고 보니 그때 NewJeans 〈Ditto〉 뮤직비디오도 찍었으니까 엄청 극단적인 것들을 오가던 시기였다. 〈D.P. 2〉 속 '불고기괴담'은 단편 에피소드였기에 전체 촬영은 5~6회 차 정도로 진행됐다. 짧다면 짧은 시간이었지만 알게 모르게 몰입을 정말 깊게 한 캐릭터였고 촬영이 끝나고도 '신아휘'의 기운이 꽤나 오래 내 안에 남아 있었다.

지뢰 터지는 장면이 첫 촬영 날, 첫 신이었다. 테이크를 열두 번쯤
간 것 같다. 혹시 내가 뭔가 잘못하고 있는 걸까? 하지만 한준희
감독님은 전체 시리즈가 아니라 한 편의 에피소드에만 나오는
배우들에게는 이런 접근 과정이 지극히 정상이라고 했다. 대본에만
매어있기보다는 이번엔 이렇게 다르게 해볼까? 하는 식으로 계속
새로운 시도를 해보게 하셨다. 열 테이크쯤 찍었을 때 비로소
이 캐릭터가 어떻게 가야 하는지 감을 잡고 알아나갔던 것 같다.
그리고 5분쯤 쉬었다 가자고 하셨을 때 이런 말씀을 던지셨다.
"현욱아, 저 지뢰를 밟아서 터진다는 건 이제 다시는 어머니를
못 뵙는다는 거야." 그렇게 나를 상상과 감정의 한계 끝까지
밀어주셨다. 돌이켜 보면 그게 한준희 감독의 스타일이었고 나는
그 스타일이 너무 좋았다. 감독님을 믿고 끝까지 가버리면 되니까.
그렇게 〈D.P. 2〉는 나의 한계를 한 단계 한 단계 실험했던 촬영이었다.

신아휘가 처음 등장할 때 얼굴에 칠한 검은 위장크림은 원래
대본에 없던 설정이었다. 담배도 마찬가지였다. 사실 나로서는 아휘의
첫 등장이 더 임팩트가 있으려면 담배를 물고 나오는 게 어떨까 하는
생각이 있었지만, 먼저 제안하지는 않았다. 물론 진짜 말해야
될 것들은 말했던 것 같지만, 아직까지는 내 의견을 내기에 조심스러운
시기이기도 했다. 대신 내가 생각한 방향의 신호를 감독님이 혹여라도
캐치할 수 있도록 현장에서 이런저런 시도를 수시로 해 보이는
식이었다. 그날도 내가 라이터를 튀기고 있던 모습을 감독님이 쓱
보시더니 "그거 계속하고 있어 봐, 한번 넣어보자"라고 먼저 말씀해
주셨다. 덕분에 누구보다 인상적인 아휘의 첫 등장이 완성됐다.

손석구 선배님과 대치하던 장면은 오래도록 기억에 남을 것 같다.
앞 신에서부터 임지섭 대위와 신아휘 사이의 긴장이 점점 고조되어
가는 가운데, 이번에는 지섭이 농구를 하고 있던 아휘를 식당으로
끌고 들어가 문을 잠근다. 거기서 아휘는 주먹으로 세게 맞고도 여전히

최현욱이 말하는 〈D.P. 2〉

빈정거리는 것을 멈추지 않고, 결국 뺨까지 세차게 맞는다. 그리고는
구석에 주저앉아 혼잣말하듯, 그날 실제로 벌어졌던 일들을 털어놓기
시작한다. 그 대사를 읊조리는 동안, 아휘가 겪었던 과거의 트라우마가
떠오르면서 눈물이 왈칵 쏟아질 것만 같았다. 절대 울어서는 안 되는
신이라는 걸 분명 알고 있었지만, 눈물이 거의 터지기 직전까지
차올랐다. 하지만 화상 자국을 보여주고, 임지섭이 들이미는 촛불
앞에서 발작하듯 소리 지르며 쓰러질 때까지 끝내 눌러 참았다.
그리고 컷 소리와 함께, 나도 모르는 어떤 감정들이 가까스로 참았던
눈물과 함께 터져 나오기 시작했다. 한동안 마음이 진정되지 않았다.
그런데 문득 앞을 보니, 손석구 선배님도, 한준희 감독님도 함께 울고
계셨다. 그 순간의 내 모습을 석구 선배님은 나중에 "소년 같았다"고
표현해 주셨다. 이런 게 배우들 사이에서 나눌 수 있는 에너지구나, 라는
걸 제대로 느꼈던 현장이었다. 그 장면, 그리고 그 순간의 기억은
아직도 잊을 수가 없다. 아마 석구 선배님도 나와 같은 무언가를
느꼈으리라 믿는다. 자주 찾아오는 행운은 아니겠지만, 현장에서 가끔
만나는 그런 몰입과 교감의 순간들이 너무 귀하다. 진짜 아름답다.

하이찬

〈반짝이는 워터멜론〉
2023

배광고 밴드부, 구 '첫사랑 기억조작단' 현 '워터멜론 슈가'의 메인 보컬. 할머니가 운영하는 달팽이 하숙집에서 1995년의 찬란한 여름을 보내는 중인 고등학생 하이찬은 "잘 웃고, 말 많고, 시끄러우리만큼 목청 좋은" 소년이다. 이찬은 "마지막 청춘"을 "아주 아주 반짝이게" 마무리하고 싶다. 집 나간 아버지가 날려버린 할머니의 식당을 다시 찾기 위해 일찌감치 대학 진학은 포기했다. 졸업 후에는 바로 돈을 모을 작정이다. 그런 이찬에게 남겨진 학창 시절은 인생에 다시없을 짧고도 귀한 시간이다.

"이제부터 모든 소녀들의 첫사랑은 내가 될 거야"라고 자신만만하게 외치는 하이찬은 브리티시 숏헤어 고양이를 닮은 귀여운 얼굴에 '소년미'와 '꾸럭미'까지 장착한 소년이다. 게다가 "정의구현 인명구조"를 위해서만 주먹을 쓰는 멋진 친구이자, "다음 권이 궁금해지는" 만화책처럼 흥미진진한 녀석이기도 하다. "내 이름은 하! 이! 찬! 조심해요. 찬며들 수도 있으니까." 그러나 체육 비품실에서 우연히 만난 청각장애 소녀 청아(신은수)는 그 경고를 들을 수 없다. 그래서 찬며들어 버렸다. 청아가 스케치북에 한 장 한 장 그린 고백을 본

이찬은 가능한 한 손동작을 모두 사용해 "설마. 너☞. 나☜. 좋아해♥.?"라고 묻는다. 청아의 끄덕임을 볼 때까지만 해도 자기 마음의 소리를 듣지 못했다. 하지만 청아의 아픈 비밀을 알게 된 그 밤부터, 조금씩 귀가 열린다. "좋은 애더라, 대단하기도 하고. 제대로 된 사랑 한 번 못 받아봤을 텐데 어떻게 일편단심 나를 좋아해 줄 수 있지?" 할머니의 하숙집에서 일상을 함께 나누며 조금씩 커지던 청아의 목소리는 남이섬으로 떠난 밴드의 송캠프에서 또렷해진다. 얼굴 이름 "반짝이는 목소리" 소년과 얼굴 이름 "맑은 소리" 소녀가 만들어 낸 그 오후의 하모니는 반짝반짝 숲 전체에 퍼진다.

"철이 없었죠, 사랑에 빠져 밴드를 만들겠다고 한 자체가." 잼이라고는 '딸기잼'밖에 모르던 녀석에게 짜릿한 무대를 선사해 준 귀인. 이찬에게 기타와 음악을 알려준 사람은 사실 2023년 미래에서 1995년으로 타임슬립한 아들 은결(려운)이다. 처음엔 혹시 어긋날지도 모르는 부모님의 인연을 이어 주기 위해 고군분투하던 은결은 나아가 아빠가 청력을 잃게 되는 사고까지 막아보려 한다. 그러나 예정된 운명은 누구도 막지 못한다. 뺑소니 교통사고는 "몸도 마음도 건강해서" 예뻤던 이찬에게서

웃음도, 수다도, 큰 목청도 앗아가 버린다.
"미안해 할머니… 대신 내가 마음이 더
예뻐지도록 노력해 볼게. 그쪽 근육을
더 키워 볼게." 하지만 청아가 사랑했던
화가 프리다 칼로처럼 이찬 역시 인생이
안겨준 쓴 열매마저 강인하게 받아들일
것이다. '비바 라 비다'(Viva la vida),
인생이여 만세! 포. 순. 승. 종.(포기하는
순간 승리는 끝이다). 이 빛나는 청춘에게
박수박수박수박.

최현욱이 말하는 〈반짝이는 워터멜론〉

'하이찬'이라는 이름엔 인사를 건네는 듯한 느낌이 담겨
있어서 좋았다. 어쩐지 만화 주인공 같기도 한 이름이었지만, 나는
그보다는 이찬이를 현실에 존재할 법한 친구처럼 그리고 싶었다.
이찬이는 여러모로 나와 많이 닮아 있는 캐릭터였다. 할머니와 함께
살아가는 환경에서 자란 점도 비슷했고, 하숙집을 배경으로 펼쳐지는
왁자지껄한 에피소드들 역시 공감 가는 순간이 참 많았다. 무엇보다
삶을 대하는 태도에서 이찬이와 나는 무척 닮아 있었다. 이찬이는 언제
다시 올지 모르는 이 시간들을 진심으로 살아내고 싶어 하는 아이였다.
그건 나 역시 어릴 적부터 늘 생각해 오던 것이기도 하다. 반면 첫
리딩에서 감독님은 너무 낮은 톤의 내 목소리를 듣고 짐짓 당황하셨다.
거의 동시에 찍게 된 〈하이쿠키〉의 어두운 호수를 좀 더 먼저 연기한
탓이었다. 〈반짝이는 워터멜론〉의 이찬이는 중학생 때 목소리를
가져와서 약간 신나게 들떠 있는 톤으로 한껏 끌어올린 결과다.
할머니와 신나게 술래잡기하는 신처럼 살짝 뭉개지는 발음조차도

나에겐 너무나 이찬이처럼 느껴졌다. "어머!"라는 감탄사는 리딩 후 회식 자리에서 나왔다. 내가 무심결에 쓴 말을 감독님이 귀엽게 봐주셨고 이찬이의 대사에 바로 적용시켜 주었다. 그리고 어느덧 하이찬 표 감탄사로 자리 잡았다.

　　이찬이와 아들 은결이의 중요한 연결점이 음악과 밴드다. 러운, (안) 도규, (윤) 재찬, (이) 하민, (이) 수찬이 형까지 밴드부 형들과 정말 가까워졌다. 막내로서 촬영 들어가기 전부터 먼저 다가가려고 노력했다. 당연히 대본에 주어진 틀을 지키면서, 진짜 재밌게 놀았던 현장이었다. 극 중 밴드 장면을 위해 일주일에 한 번씩 일산 연습실에 가서 기타를 정말 열심히 배웠다. 초등학교 시절, 잠깐 기타 동아리에 들어갔던 적이 있다. 짧은 시간 배우고도 'Let It Be'를 연주하며 공연했던 기억이 있는데, 그 이후로는 처음 잡아보는 기타였다. 기타 선생님께서 들려주신 어쿠스틱 기타 연주는 정말 좋았다. 정서적으로 안정이 된다고 할까. 데뷔 이후 쉴 틈 없이 달려온 긴장을

최현욱이 말하는 〈반짝이는 워터멜론〉

잠시 내려놓을 수 있는 시간이기도 했다. 비록 대단한 연주자가
될 수는 없더라도, 짧은 멜로디 하나라도 제대로 배워보고 싶다는
마음으로 열심히 연습했다. 감독님과의 미팅 자리에서 언급되었던
레퍼런스 영화 〈싱 스트리트〉는 지금도 여전히 좋아한다. 특히
O.S.T.는 이동하는 차 안에서 자주 듣는다. 얼마 전 여행을 갔을 때도,
풀숲에서 〈싱 스트리트〉 O.S.T.를 틀어놓고 혼자 춤췄던 기억이 있다.

연기를 하면서 줄곧 청아에 대한 이찬이의 마음을 생각했다. 아마
이찬이도 처음엔 자신의 감정을 몰랐을 것이다. 누가 봐도 첫사랑의
아이콘이라 할 수 있는 예쁜 세경이에 대한 마음엔 의심의 여지가
없었을 테니까. 하지만 청아와의 우연한 만남들이 겹치면서, 어느
순간 자기 마음을 깨닫게 되었을 것이다. 청아가 위기에 처한 순간에
이찬이가 만화처럼 등장하는 장면들을 나 역시 좋아한다. 지켜주고
싶은 마음도 있었을 테고, 나와는 다른 청아의 선한 마음에 끌려
사랑에 빠졌을 수도 있을 것이다. 동갑내기 배우 신은수가 연기한
청아는 말을 하지 못하는 농인이어서, 3~4부부터 내레이션이 나온다.
첫 리딩 때 은수의 목소리를 처음 들으며 아, 정말 청아구나, 감탄하며
쳐다봤던 기억이 난다. 내가 상상했던 단단한 내면과 따뜻한 태도를
가진 청아, 그 자체처럼 들리는 목소리였다. 그날 이후, 촬영장에는
늘 기대를 안고 갔다. 은수와 함께 있으면 나도 모르게 이찬이 같은
감정이 나왔다. 상대의 표정을 읽기 위해 그 어느 때보다 세심하게
바라보고 꼼꼼하게 살폈다. 은수의 눈, 제스처만으로도 온 마음이
오롯이 다 느껴졌다. 대사보다 표정의 언어를 배웠던, 정말 반짝이는
순간이었다.

서호수

〈하이쿠키〉
2023

정한고 3학년 S반의 조용한 모범생. 금수저를 물고 태어나 부족한 것 없이 살아가는 같은 반 학생들과 달리, 서호수는 수저 자체를 받아 본 적 없는 소년이다. 암 투병 중인 어머니는 병원에 누워 있고, 가끔 집에 들르는 마약 중독자 아버지는 아들이 어렵게 모아 놓은 푼돈까지 훔쳐 달아난다. 다른 아이들이 더 높은 곳에 오르기 위해 마약 쿠키를 탐닉하고, 기괴한 미소를 지으며 죽어나가는 동안, 호수는 그저 익사하지 않기 위해 굴욕을 참고 매일을 버틴다. 좁고 더러운 골목을 지나 허름한 철문을 밀고 들어가면, 유리에 페인트로 대충 쓰인 'B101'호가 보인다. 너덜너덜한 벽지와 햇빛 한 줌조차 들지 않을 것 같은 어둑한 반지하방. 환풍기를 틀지 않으면 기침이 터져 나오는 그곳에서 호수는 죽은 듯 살아간다. 이사장의 손자 진우(서범준)에게 학비를 받고, 부잣집에서 과외를 하며 용돈을 번다. "건당 2만 원"에 "남친 역할"까지 마다하지 않는다. 그에게 수치심은 아무런 자극도 되지 않는다. 비굴하게 납작 엎드려서라도, 살아야 한다. 왜냐하면 그에게는 지켜야 할 엄마가 있기 때문이다.

어느 날, 호수는 도망치는 아버지를 쫓다 한 건물 앞에 도착한다. 그 순간, 폭발과 함께 창문으로부터 하나의 USB가 떨어진다. 누군가 증거 인멸을 위해 던진 듯한, 'KSHD96C3'이라는 암호 같은 글자가 적힌 그 USB 안에는 "체내에 남지도 않고, 중독되어도 부작용이 없는" 완벽에 가까운 마약 쿠키 제조법이 담겨 있었다. 그것은 호수에게 축복이었을까, 아니면 저주였을까. 그는 일단 그것을 부모 때문에 꼬여 버린 인생을 버텨낸 "보상"이자, 마침내 자신의 힘으로 손에 넣은 "기회"라고 생각하기로 한다.

결국 얼굴 없는 셰프가 된 호수는 변조된 목소리로 유통 조직을 움직이며, '하이쿠키' 한 입으로 학생들을 정복해 간다. "학교에서 가장 약하고, 가난하고, 순진하고, 무해한. 우리 가장 가까이에 있던, 가장 믿고 있던" 그 학생이 바로 호수였고, 그의 정체는 셰프였다. 마약 쿠키를 먹고 병원에 누워 있는 동생 민영(정다빈)을 살리기 위해 신분을 속이고 '이은서'라는 가짜 이름으로 정한고에 잠입한 수영(남지현)을 보며, 호수는 어딘가 동질감을 느낀다. 단 한 번도 이기적으로 자기 삶을 살아 본 적 없는 수영이 꿈꾸는 학생다운 평범한 삶은, 사실 수영의 입을 통해 대신 발화된 호수의 꿈이기도 하다.

　　결국 어머니의 죽음을 막지 못한
호수는 더 이상 지킬 것도 없다. "내가
여태까지 네 말 고분고분 들은 건 너보다
약해서가 아니야. 그냥 참는 거야.
너 필요하니까. 너 이용하려고. 근데
이젠 아니야. 필요 없어. 너 같은 새끼."
이 소년의 입은 잔인한 말을 내뱉지만,
얼굴에는 분노보다는 슬픔이 가득하다.
그리고 결국 자기가 만든 쿠키를 씹어
삼키며 그 슬픔을 끝내려 한다. 어두운 밤,
풀숲에서 피를 흘리며 죽어가는 호수는
웃고 있다. 마침내 다른 아이들처럼,
공평하게. 살아서는 한 번도 허락되지
않았던 표정으로.

최현욱이 말하는 〈하이쿠키〉

　　호수는 지금까지 한 번도 해보지 못한, 내가 연기한 어떤
역할들과도 전혀 다른 친구라는 점이 흥미로웠다. 그래서 처음엔,
내 전작들을 본 시청자들을 어떻게 납득시킬 수 있을까라는 고민으로
접근하기도 했다. 하지만 이내 그 방향은 버렸다. 대신, 호수가 숨기고
있는 정체가 누구에게도 들키지 않게, 티가 나지 않도록 해야겠다고
마음먹었다. 그래서 초반의 호수는 그저 '공부 잘하는 바보'로
보였으면 했다. 몸도 마음도 더 움츠린 채, 쭈그린 채 다녔다. 전교 2등
모범생이지만, 책상에 앉아서 공부만 하던 아이 특유의 서툰 모습이
보였으면 했다. 걸음 걸이에도 어딘가 미숙함을 넣고 싶었다. 돈가방을
훔쳐 도망가는 아빠를 처절하게 쫓아가는 호수의 모습에는 열심히
뛰지만 제대로 달려본 적 없는 아이의 힘겨움을 담았다. 찍어가면서
체중을 점점 감량해야겠다는 의견도 감독님과 나눴다. 어디에서
등장하든지 존재감 자체를 주지 않으려고 노력했다. 모든 신에 묻혀서
살아가자고 다짐했다. 그러다 어느 포인트에서, 그 모든 걸 완전히
비틀어 버리고 싶었다.

결국 호수가 셰프였다는 것이 밝혀지는 순간, 원래 대본은 눈이 웃고 있다가 정색을 한다, 였다. 하지만 좀 다르게 표현하고 싶었다. 어쩌면 대본에 표현된 것보다 호수는 더 힘든 삶을 살아왔고, 더 많은 괴롭힘을 당했을지도 모른다는 생각이 들었다. 그렇기 때문에 더 임팩트를 주고 싶었던 장면이었다. 그 컷을 여러 표정으로 촬영했던 기억이 난다. 나는 호수를 타고난 사이코라고 생각하지 않았다. 가정환경은 불우했고, 어머니는 병원에 누워 있고, 나중에 드러나는 조력자의 정체 역시 마약에 찌든 아버지였다. 호수는 결국 살기 위한 선택을 해야 했고, 돈이 필요했을 것이다.

마약을 제조하는 고등학생과 고가의 마약 쿠키를 아무렇지도 않게 사 먹는 고등학생들이 공존하는 세상. 어떻게 보면 조금 과장된 설정처럼 느껴질 수 있지만, 나는 〈하이쿠키〉를 진짜 있을 법한 일로 접근했다. 표면적으로는 장르물이 맞지만, 단순한 장르물로만 생각하지는 않았다. 설정은 극적이지만, 호수가 가진 결핍과 아픔만은 리얼리티로 세상에 존재하고 있다고 믿었다. 다행히 시청자들도 마냥 장르적인 재미만을 쫓아서 보신 것 같지는 않고, 호수라는 인물에게 현실적으로 몰입해 그의 안쓰러운 면까지 함께 바라봐 주신 것 같다. 나 역시 찍으면서 계속 그런 생각을 했다. 물론 호수에겐 용서할 수 없는 부분들도 많다. 학교 친구들을 돈벌이에 이용했고, 수영과 민영 자매에게도 큰 피해를 입혔다. 그럼에도 마음 한편에는 미안함이 있었을 거라고 믿는다. 생존을 위해 어쩔 수 없이 그런 선택을 했고, 나는 그게 호수라고 생각했다. 그의 복잡한 내면을 끝까지 놓지 않고 연기해내자고 스스로 다짐했다. 어쩌면 수영이를 '하이쿠키' 유통에 끌어들인 것도, 자신과 별반 다르지 않게 고된 삶을 살아온 수영에 대한 미안함 때문이었을 것이다. 촬영 현장에서 가장 큰 자극을 받았던 동료는 수영 역을 맡은 남지현 배우였다. 이야기가 후반으로 갈수록 감정과 서사가 고조되고, 수영과 호수 사이의 힘의 균형도

최현욱이 말하는 〈하이쿠키〉

엎치락뒤치락한다. 그때 우리 사이에서 튀어오르던 스파크, 팽팽히
부딪히던 그 모든 순간들이 짜릿하게 다가왔다.

　　호수는 내가 지금까지 연기한 인물들 중 유일하게 죽음으로 끝을
맺는 역할이다. 쿠키를 스스로 입에 넣을 만큼, 죽음을 감당할 만큼의
고통은 과연 무엇이었을까. 호수를 생각하면 그 누구보다 마음이
아프다. 그래도 나는, 이 친구를 마지막까지 지켜주고 싶었던 사람 중
하나였다.

반주연

〈그놈은 흑염룡〉
2025

용성백화점 전략기획본부장. 반주연은 보이는 것의 '반'만 믿어야 하는 사람이다. 대기업 용성의 미래를 이끌어 갈 유일한 성골인 반주연은 그야말로 세상의 '주연'이다. 하지만 그의 반은 게임, 만화, 음악에 이르기까지 누군가에게 열렬한 사랑을 바치는 것만으로 행복한 사람이다. 공식적으로는 "에스프레소 트리플 샷!"을 외치지만 사실은 달콤한 초코우유팩 앞에 샤르르 녹아버리고, 목 끝까지 단정하게 채운 핀 칼라 셔츠에 정장을 차려입지만 퇴근과 함께 반다나에 선글라스, 가죽 재킷을 입고 내부에서 끓어오르는 기운을 발산하러 밤거리로 나선다. 백수정(문가영)이 꼽아 본 반주연의 단점 역시 마찬가지다. 연하인 것도, 키스를 기억 못 할 만큼 술이 약한 것도, 카페인이 필수인 현대인이 커피도 못 마시는 것도. 하지만 연하라서 귀엽고, 과음하지 않아 간도 좋고, 카페인에 방해받지 않으니 수면의 질도 좋을 것이다. 컴퓨터의 비밀번호를 "오레와 아쿠마다! (나는 악마다)"라고 설정해 두었다지만 자고로 스스로 악마라고 하는 사람 중에 악마는 없다. "좋아하는 걸" 찾는 일도, "오랫동안 좋아하기"도 어려워진 세상에서 반주연은 그 마음을

누구보다 오래도록 간직하고 스스로 훼손시키지 않았던 사람이다. 어떤 시선으로 보느냐에 따라 모두 그의 장점이 된다.

반주연은 이렇게 극단적인 두 개의 세계를 비밀리에 암행하던 사람이었다. 그런 그 앞에 백수정이 나타난다. 그녀는 "완벽해야 할 용성의 후계자에게 필요 없는 사생활"을 유일하게 자주 목격한다. 그리고 무언가를 좋아하는 자기의 마음을 부정하지 말라며, "열정적으로 좋아할 수 있다는 건 귀한 일"이라고 응원해 준다.

어린 시절 가장 좋아했던 만화 〈해적왕〉의 행사장으로 향하던 길에 주연의 부모님은 트럭 사고로 세상을 떠났다. 좋아했던 것 때문에 사랑했던 사람을 잃었던 자리에는 비극적인 감정 회로가 생성되게 마련이다. 그래서 주연은 좋아하는 것이 생기면 되도록 비밀로 하고 살아왔다. 게다가 용성의 회장이자 할머니인 정효선(반효정)은 아들을 죽게 만든 손자가 완벽했던 아들의 "대용품은 될 줄 알았는데 불량품"이라며 탐탁지 않아 한다. 결국 주연에게는 세상이 허락하지 않은 감정을 안전하게 숨길 수 있는 "나만의 동굴, 나만의 유토피아"가 필요했다. 하지만

"본부장님의 제일 큰 비밀"이 되어
주겠다는 백수정의 선언은 살아남기 위해
주연이 감춰온 '반'을 비로소 드러내게
만든 주문이 된다. 그렇게 반주연은,
더는 반대편 세상으로 숨지 않기로
결심한다. 누군가의 대용품이 아닌,
온전한 자신으로. 이제는 삶의 당당한
주연으로 살아보기로.

최현욱이 말하는 〈그놈은 흑염룡〉

　〈그놈은 흑염룡〉은, 조금 과장하자면, 나에게 단두대가 될 수도 있는 작품이라고 생각했다. 이전까지가 단체전이었다면, 이번엔 복식 혹은 개인전에 가까웠다. 게다가 데뷔 이후 매해 쉬지 않고 신작을 내놓았던 것과 달리, 사전 제작으로 촬영된 〈그놈은 흑염룡〉은 2025년 상반기가 되어서야 공개되었다. 2023년 작인 〈반짝이는 워터멜론〉 〈하이쿠키〉 이후로 누군가에게는 1년이 넘는 공백처럼 느껴질 수도 있었다.

　교복을 벗은 첫 주연이라는 점에서 주변의 기대와 우려가 공존했다. 나 역시 교복을 벗은 첫 작품이 뭐가 될까 항상 궁금했다. 초반엔 스스로도 정장과 영 친해지지 않는다는 느낌을 받았다. 하지만 인간은 확실히 환경의 동물인지 계속 입다 보니 어느덧 적응이 되었다. 다행히 보는 분들도 정장 입고 넥타이를 맨 내 모습과 말투에 점점 적응해 나가는 게 느껴졌다. 그냥 '본부장 반주연'이기만 했다면 솔직히 엄두가 안 났을 것이다. 하지만 반주연의 이면이 나와 되게 비슷하다고 생각했다. 누구나 그렇지 않을까. 남들이 모르는 비밀스러운 취미도,

숨겨진 '덕후'의 면모도 있을 거다. 이 대본은 나에게 그런 면을 보여줬고, 그래서 더욱 끌렸다. 대신 진짜로 '덕질하는 오타쿠' 같이 보여야 시청자들 역시 몰입해 주실 것 같았다. 이 캐릭터가 진심으로 좋아하는 것들, 그것을 즐기는 모습만큼은 절대로 가짜처럼 보여주면 안 되겠다고 다짐했다.

초반에 나오는 "도모다치" 같은 일본어 대사들이나, 주연의 행동 중에서 많은 사람들이 웃어준 포인트 역시 거의 다 애드리브였다. 다행히 편집 기사님도 그런 점을 좋아해서 다 살려주셨다. 첫 예고편에 나갔던 "팔로 팔로 미!" 하면서 노래 부르는 장면은 어떻게 보면 자신을 놔버릴 정도의 '오타쿠' 스러움을 내 식대로 표현한 방법이었다. 결국엔 약간 휘청이는 걸로 정리가 됐지만, 메이킹 영상에 담긴, 정장 갈아입다가 미끄러져 넘어지는 액션까지도 미리 준비했던 것이었다. 만약 현장에서 너무 과하다고 느껴지면 조절하면 되니까 일단 무조건 던져보자는 마음이었다. 나는 내 개그가 좋다. (문) 가영이 누나가 반주연은 진짜 현욱이니까 할 수 있었던 거야, 라고 말해줬을 때

최현욱이 말하는 〈그놈은 흑염룡〉

너무 고마웠다. 내 코미디를 보고 누군가 웃어주는 것이 그렇게 뿌듯할 수가 없다.

사실 본격적인 촬영이 들어가기 전까지는 과연 이런 멜로를 잘 해낼 수 있을까 하는 걱정이 있었다. 사랑의 눈빛이야말로 상상만으로는 힘든, 경험에서 나오는 부분이 크다고 생각했기 때문이었다. 결국 내가 할 수 있는 유일한 건, 수정이이자 딸기를 정말 사랑스럽게 바라보려는 노력뿐이었다. 하지만 가영이 누나의 눈을 보는 순간 깨달았다. 멜로는 정말 혼자 할 수 없는 장르라는 것을. 이런 눈을 보고 있다면 어쩌면 모든 것이 가능할 것도 같았다. 〈그놈은 흑염룡〉은 나에게 코미디의 재미를 일깨워준 작품인 동시에, 앞으로 로맨스를 더 하고 싶은 욕심을 갖게 만든 첫 작품이었다.

Beats

〈스물다섯 스물하나〉
〈D.P. 2〉

비트 Beats?

연기의 목적을 달성하는 행동의 조각. 러시아 연출가이자 연기 교육자였던 콘스탄틴 스타니슬랍스키^{Konstantin Stanislavsky}가 정의한 연기 행동^{action}의 최소 단위, 러시아어인 'кусок(한 조각)'은 이후 스타니슬랍스키의 초기 시스템과 방법론을 적용시킨 미국 현대 영화인들에 의해 'beat' 혹은 'bit'로 번역되어 사용되었다. 배우가 구현한 연기의 성취에 접근하기 위해 액톨로지^{Actorology}(배우학)는 연출, 카메라 혹은 편집의 단위인 신^{scene}과 숏^{shot} 대신 '비트'를 연기 분석의 단위로 삼는다. 각 비트의 구분점은 연구 대상(배우)을 기준으로 나뉜다. 하나의 신과 숏 속에 여러 개의 비트가 존재하기도 하고, 하나의 비트가 여러 신과 숏에 걸쳐 구현되기도 한다. 연구자의 연기 비트 분석은 연출자의 목적이나 배우의 해석과 다를 수 있다.

Beats 1.

BEATS	SCRIPT	ACTING
1	**지웅** 나 기억하지? **유림** 어.	복도에 나란히 무릎 꿇고 앉아 **두 팔을 들고** 벌을 서는 지웅과 유림. 슬쩍 유림을 보던 지웅이 말을 건넨다.
2	**지웅** 내 이름도 기억해? **유림** 뭐였지… 7반 이쁜이밖에 기억 안 나.	유림이 이름을 기억하길 바라듯 **위로 뻗고** 있던 양손을 맞잡는다.

손짓만으로
알 수가 있지

tvN 〈스물다섯 스물하나〉
EP. 3
TC 10:38~12:43

국사 수업 시간. 교과서를 안 가지고 온 고유림(김지연)에게 선생님은
"칼 없이 경기 나가?"라며 야단을 친다. 펜싱부라고 예외는 없으니 교실
밖에서 벌을 서라는 말에 고유림은 순순히 밖으로 나간다. 그 모습을
지켜보던 문지웅은 자신의 국사책을 "또 교과서 없는 놈"인
나희도(김태리)의 책상 위로 던지고 "죄송합니다"라는 말과 함께 유림을
따라나선다.

GESTURE

BEAT 1

BEAT 2

BEATS	SCRIPT	ACTING

지웅 문지웅,
유림 문지웅…
지웅 어 유림아 왜?

잡은 양손을 풀고 이름을 알려준다. 유림이 무심코 따라 한 이름을 호명으로 받는 장난을 치며 웃는다.

지웅 금메달 따면 무슨 기분이야?
유림 같이 무릎 꿇고 손 들고 앉아 있으면서 뭐 그런 질문을 해.
지웅 그럼 내 기분도 물어줘. 금메달리스트랑 같이 무릎 꿇고 손 들고 앉아 있는 기분.

들고 있던 양팔을 슬쩍 뒤로 넘기더니, 깍지를 껴 **팔베개처럼 머리 뒤를 받친다.** 의기양양한 표정이다.

유림 무슨 기분인데?
지웅 째져!

양팔을 위로 힘차게 쭉 뻗는다. 마치 금메달이라도 딴 듯. 유림을 바라보며 활짝 웃는다.

6

지웅 왜 불편해?
유림 아, 나 지금 발목 부상이 살짝 있어가지고.
지웅 선생님! 올림픽 펜싱 금메달리스트 고유림 선수가 발목 부상 때문에 꿇어앉는 자세는 조금의 무리가 간다는데요. 선생님의 너그러운 마음으로 서서 손 들고 있으면 안 됩니까?

유림의 상태를 걱정하며 빠르게 몸을 돌려 일어난다. 복도와 교실 사이 창문을 열어 선생님에게 고유림 선수의 가치와 현재 상태를 자세하게 설명한다. 그리고 벌을 완화시켜 줄 것을 요청한다. 공손하게 선생님을 향하던 **두 손으로 하트 모양을 그린다.**

BEAT 3

BEAT 4

BEAT 5

BEAT 6

BEATS	SCRIPT	ACTING
	유림 야… **지웅** 괜찮아 괜찮아 내가 알아서 할게 괜찮아. 선생님? **선생님** 아주 그냥 편하게 하세요.	유림을 **안심시키던 왼손**은 선생님의 **빠른 판단을 유도하는 손짓으로** 바뀐다. 허락을 구한 뒤엔 고개를 끄덕이며 눈웃음으로 감사를 전하고, **오른손으로 창문을 닫는다.**
	유림 고마워. **지웅** 맞지? 7반 이쁜이. 하는 짓이 이쁘다고. **유림** 근데 넌 왜 교과서가 없어?	휘파람까지 불며 여유로운 모습이다. **의기양양하게 옆으로 쫙 펼친 두 팔로** 창문에 머리를 붙인 채 기대어 서있다. **오른쪽 엄지 손가락은** 자신을 향해있다.
	지웅 진짜 중요한 건 교과서에 없어, 복도에 있지.	말을 시작하기 전, 시동을 걸듯 코를 찡긋한다. 유림을 보며 **왼손 집게손가락 끝으로** 슬쩍 자기를 가리키곤 이내 머쓱한지 앞을 보고 활짝 웃는다.

93

소년은 소녀와 단 둘이 남겨진 복도에서의 2분을 어떻게 사용할까. 교실을 박차고 나가 함께 벌을 서 주는, 이른바 남자다운 희생정신? 지웅은 그런 과시적인 방식으로 이 시간을 소비하지 않는다. 대신 자신의 이름을 또렷이 각인시키고, 상대에 대한 관심과 배려를 드러내며, 예의 바른 태도와 함께 인생의 중요한 가치를 전하는 구체적이고 예쁜 기회로 이 시간을 채운다.

그 과정에서 배우 최현욱의 손은 많은 말을 한다. 나를 알아주길 바라며 간절히 모은 손(비트 2), 너의 존재만으로 세상을 다 가진 듯하다는 팔베개(비트 4), 함께 있는 시간을 쟁취해 냈다는 승리의 포즈(비트 5), 기회를 제공한 선생님께 전하는 감사의 하트(비트 6), 복도에 있는 예쁘고 소중한 것이 바로 나라는 확인(비트 8, 비트 9)까지 해낸다. 인물들의 풋풋한 나이대, 학교라는 공간, 이제 막 시작하려는 사랑의 단계와 닮은 은은한 동작 비트는 자세히 들여다보지 않으면 눈치채기 어려울 정도다. 그러나 각 비트마다 정확한 목적을 달성하는 가운데, 최현욱의 몸짓은 문지웅이라는 인물의 무드까지 만들어 낸다.

이후 9화, 기말고사 결과가 붙은 교내 게시판 앞에서 전교 석차 맨 끝줄을 차지한 322등 문지웅은 그 앞에 있는 321등 고유림의 이름을 확인하며 "저 넓은 곳"에 "우리 둘만" 있는 "낭만"을 말한다. 돌이켜 보면 처음은 아니었던 셈이다. 창문이 닫힌 이 넓은 곳에 우리 둘만 있었던 낭만의 시간은. 중요한 건, 역시 복도에 있다.

Beats 2.

4+α 개의 시선,
한 사람의 얼굴

문서의 기록, 마음속 의심, 정신분열적 독백, 뒤늦은 실토에 따라 재연되는
사건 당일의 신아휘는, 모두 같은 얼굴을 하고 있지만 정황에 따라 전혀
다른 사람처럼 보인다. 정황 1의 일병 신아휘는, 자신을 살리기 위해 지뢰를
해체하던 전우를 사고로 잃은 비극의 생존자다. 정황 2의 신아휘는,
상관을 조롱하고 괴롭히다 끝내 폭사시킨 하극상의 가해자다. 정황 3의
병장 신아휘는, 인민군이 쏜 화염방사기에 전우를 잃고, 지워지지 않는
불길에 갇힌 인물이다. 정황 4의 신아휘는, 지뢰를 밟고 사망한 가해자에게
지속적으로 괴롭힘을 당하던 군내 폭력의 희생자다. 하지만 진실은 알 수
없다. 성급히 처리된 군의 공식 발표, 아끼던 동생을 잃은 임지섭의 의심,
신아휘의 망상적 독백, 허태산의 뒤늦은 양심고백 중 하나가 진실일 수도
혹은 그 무엇도 진실이 아닐 수도 있다.

네 개의 정황 속 신아휘를 표현하는 배우 최현욱의 비트 역시 각기 다른
방향을 향하고 있다.

정황 1. 사건의 기록

정황 2. 임지섭의 의심

정황 3. 신아휘의 독백

정황 4. 허태산의 실토

BEATS TC	SCRIPT	ACTING

17:27 ~ 18:32

중석 신아휘.
아휘 죽고 싶지 않아.
중석 정신 차려, 어?
중석 아휘야 발 떼.
중석 신아휘 발 떼, 괜찮아.

지뢰를 밟은 채 떨고 있는 아휘에게로 다가온 중석이 지뢰 뇌관을 제거한다.

2

26:30 ~ 26:38

아휘 아- 씨발.
중석 어?
아휘 아닙니다. 말이 헛나왔습니다.

시선을 피하는 척 욕을 내뱉고 건성으로 수습하는 아휘.

3

37:29 ~ 38:02

아휘 그래서 그날 인민군 모가지 땄다고 술 처먹고 코 골며 자빠져 잘 때 위에 애들이 넘어온 거지. 화염방사기 들고. 그리고 시체들은 형체도 알아볼 수가 없었고, 살점은 바닥에. 관물대에. 천장에. 덕지덕지. 덕지덕지.

식당 구석 벽에 기대어 앉아 멍한 눈으로 주절주절 이야기를 이어가는 아휘.

44:05 ~ 44:46

중석 씨발 새끼야, 복명복창하라고!
아휘 일병. 신.아. 휘.
중석 오케이. 저기 철책에 구멍 난 거 보이지, 개구멍. 저게 60년대 때부터 대남 방송하던 새끼들 모가지 딸라고 저거 만든 거거든. 그때 공작원 새끼들이 그 위에 있는 새끼들 모가지 전부 다 따다가 드럼통에 넣고 태운 거야.
아휘 일병. 신.아. 휘.
중석 오키. 근데 씨발 존나 웃긴 게 뭔지 아냐? 저 철책에 구멍은 씨발 안 메꾼 거야. 와- 어떻게 됐을 것 같애?
아휘 부GP장님, 여기 지금 지뢰…
중석 쫄지 말라고, 씨발 새끼야!

아휘를 불러 세우는 중석. 언제 지뢰가 터질지 모르는 위험 구역에서 계속 아휘를 발로 차면서 '불고기괴담'을 이야기한다.

BEAT 1

BEAT 3

BEAT 2

BEAT 4

비트 1에서 신아휘는 지뢰를 밟은 군화 끝만 내려다본다. 손전등을 쥔 손도,
목소리도, 온몸도 벌벌 떨린다. 비트 2에서는 잠시 하늘로 고개를 젖히며
욕지거리를 내뱉는다. 비트 3에서는 살육의 현장이 눈앞에 그려지듯 45도
위를 바라보며 읊조린다. 비트 4에서는 눈을 45도 아래로 깔고, 선임이
퍼붓는 모욕과 폭력의 시간을 묵묵히 견딘다. 이같이 좀처럼 눈을 마주치지
않는 이 인물이 유일하게 응시하는 대상은 외부인 임지섭과 안준호.
첫 등장부터 그들이 타고 온 차를 빤히 바라보던 신아휘는, 재수사를 받기
위해 불려 온 책상 앞에서도 눈을 피하지 않는다.

왜곡과 날조, 해설을 거친 기록과 구술이 아니라 지금 정면을 보는
신아휘만이 이 사건이 남긴 유일한 증거다. 남의 차 유리창에 담배꽁초를
아무렇지도 않게 던지는 무뢰한, 끝나지 않는 조사에 피로감을 여과 없이
드러내는 인간, 하극상에 가까운 태도로 반말을 일삼는 병사, 세상에 대한
믿음을 내려놓은 냉소적인 존재, 체력 단련 시간에 농구를 함께하는 전우,
감정적인 조사관의 폭력에 참지 않고 맞서는 청년. 지금 눈앞의 신아휘가
어떻게 보이는가. 현재의 얼굴은 과거 사건의 결과인가? 반작용인가?
아니면 변함없는가. 생존자, 피해자, 가해자, 희생자. 최현욱은 그 모든
각도에서 의심받는다. 하지만 어느 하나 확신할 수 없게 만든다. 방향은
분산되고, 이목구비는 흐려진다. 끝내 미결 상태로 남겨둔, 해석을 거부한
비트다.

〈만쪽이는 워터멜론〉

ACTOR IN TRAINING

최현욱은 훈련 중

총 맞은 것처럼

경기도 파주
스턴트팀 펀치라인 액션스쿨

하나 둘 셋, 탕-!!

입으로 쏜 총알이
날아와 최현욱의
어깨를 명중한다.

날듯이 살짝 뜬 몸이 이내
매트 위로 퍽 하고 떨어진다.

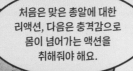

처음은 맞은 총알에 대한 리액션, 다음은 충격감으로 몸이 넘어가는 액션을 취해줘야 해요.

액션스쿨 코치의 말이 떨어지기 무섭게 최현욱은 어느덧 다음 총알 맞을 준비를 시작한다.

레디, 액션, 탕-!!

뒷걸음치던 발뒤축이 매트 턱에 걸리거나, 타이밍과 리듬이 엇나가면서 어정쩡하게 넘어가던 몸이 점점 자연스러워져 간다.

오케이! 좋아지고 있어요.

107

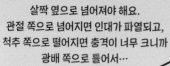

살짝 옆으로 넘어져야 해요.
관절 쪽으로 넘어지면 인대가 파열되고,
척추 쪽으로 떨어지면 충격이 너무 크니까
광배 쪽으로 틀어서…

대신 너무 틀어버리면
시선이 땅으로 가니까
살짝 옆으로.

액션 연기를 즐기는
관객의 눈에는
보이지 않았던 것,
하지만 현장에서는
보이는 것.

그것은 반복된 액션 훈련의 목표가,
'더 멋있게'가 아니라 '더 안전하게'
그리고 카메라에 '더 효율적으로'에.
방점이 찍혀 있다는 것이다.

최근 무리한 일정 탓인지
살면서 처음으로
결막염에 걸려버렸다.

빨갛게 충혈된 눈으로
앞구르기를 반복하는
과정에서 손목까지 까졌다.

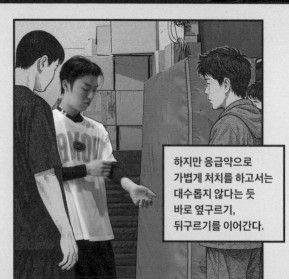

하지만 응급약으로
가볍게 처치를 하고서는
대수롭지 않다는 듯
바로 옆구르기,
뒤구르기를 이어간다.

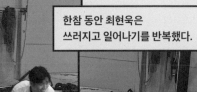

한참 동안 최현욱은
쓰러지고 일어나기를 반복했다.

그가 맞은 총알은 몇 개였을까?

아니 유독 땀을 많이 흘린다는
이 배우가 흘린 땀은
몇 리터였을까.

『넥스트 액터 최현욱』을 집필하는 동안 최현욱은 아직 공개되지 않은
프로젝트를 포함해 2025년 중반 이후로 총 세 편의 신작 촬영을 앞두고 있다.
그야말로 대한민국에서 가장 바쁜 신인배우로서의 나날을 보내는 중이다.

그중엔 〈맨 끝줄 소년〉처럼 주인공이자 드라마가 강한 작품이 있는가 하면,
임팩트 있는 조연으로 등장해 말보다는 몸으로 존재감을
드러내야 하는 작품도 있다. 복잡한 액션 설계가 필요하진 않지만
"현장에서 맞춰봐야 될 것들이 정말 많은 연기"도 준비해야 한다.
감독으로부터 어떤 디렉션이 온다고 해도 대응할 기본기가 필요하다는 말이다.

109

오후 1시 30분부터 시작되어 두 시간 넘게
이어진 훈련은 특별할 것이 없어 보였다.

옆 매트에서 다른 작품의 여성 배우가
화려하게 디자인된 액션 합을
안무처럼 연습하는 것과는 달리
바로 옆 매트 위의 최현욱은 거의 같은
동작을 반복하고 또 반복했다.

만약 야구선수 시절 만났다면 저런 모습이었을까?
장난기와 감수성으로 가득 찬 싱그러운 소년은 거기에 없었다.

특별한 감정고조 없는 표정으로 대체 몇 바퀴째인지
셀 수 없는 구르기를 묵묵히 이어가는 최현욱은
어쩐지 낯설었다.

이날 훈련을 담당한 스턴트팀
펀치라인의 코치는 최현욱에 대해
"힘을 주는 원리를 알고 몸을 쓰는 배우"
라고 말한다.

보통
주먹을 날린다고 하면
팔만 나가는 경우도 많아요.

하지만 현욱 씨는
허리를 잘 쓰는 법을 알죠.

야구를 해서인지
운동성에 대한 이해가
깊은 것 같아요.

작품을 앞둔 배우가 준비해야 하는 것은 대사와 감정만은 아니다.
배우에게 육체는 그것을 관객들에게 총알 배송하는 구체화된 수단이다.

때론 그들의 주먹에 감정은 얼얼해지고
그들의 발차기에 서사는 속도를 낸다.
어쩌면 최현욱은 오늘 온몸으로 받아 낸 허공의 총알들로
곧 카메라를 향해 발사할 구체적인 연기를
하나하나 장전 중인지도 모른다.

그렇게 나날이 단련되어 갈
저 배우의 육체야말로 차기작에 관한
가장 강력한 스포일러가 될 것이다.

> 훈련의 마무리는
> 스트레칭

배우 최현욱의 액션 연기를 제대로 만날 수 있었던 작품.
〈약한영웅 Class 1〉의 수호는 전직 격투기 선수로 친구들을
지키기 위해 주먹을 날리고 링 위에 선다.

Colleague

"현욱이는 록스타예요"

감독 유수민
Collaboration
〈약한영웅〉 시리즈

©NETFLIX

웹툰 세계에서 처절하게 싸우던 〈약한영웅〉의 학생들에게 사람의 숨을 불어넣은 유수민 감독은, 시리즈 팬들 사이에서 '유버지'라 불린다. 감독 유수민이 데뷔작 〈약한영웅〉과 함께 알을 깨고 세상으로 나온 싱클레어라면, 배우 최현욱은 '수호'라는 이름의 아브락사스를 등에 업고 창공을 향해 날아올랐다. 어쩌면 두 사람은 아버지와 아들이 아니라, 〈약한영웅〉이라는 한 배에서 동시에 태어난 쌍생아인지도 모른다. 그 여정의 가장 가까운 목격자인 유수민 감독이 풀어내는 수호, 그리고 배우 최현욱의 탄생기. 그 비상의 순간들.

Una **처음 최현욱 배우를 어떻게 인지하고 캐스팅하게 되었나요?**

SuMin 〈약한영웅〉 대본 작업을 시작하면서 그 또래 젊은 배우들을 거의 다 찾아봤던 것 같아요. 그중 〈리얼:타임:러브〉라는 웹드라마에 나오는 최현욱이라는 친구가 당시 십 대들 사이에서 인기가 상당한 거예요. 〈모범택시〉도 나오기 전이었는데 말이죠. 이 친구에게는 요즘 아이들이 좋아하는 뭔가 굉장한 매력이 있나 보다. 그게 뭐지? 하는 호기심이 처음이었죠. 얼마 지나지 않아 〈라켓소년단〉을 보는데 연기가 용감하고 멋지더라고요. 아, 저런 매력인가? 어렴풋이 느끼게 되었던 것 같아요. 이후 여러 배우를 놓고 캐스팅 조합을 하던 단계에서는 현욱이를 연시은 역할로 생각했던 버전도 있어요. 키가 좀 크긴 했지만 예전에는 지금보다 훨씬 마른 몸이어서 어쩌면 어울릴 것도 같았죠. 결국 수호 역으로 캐스팅 제의를 했을 때 대본을 받고 울었다, 라는 말을 듣고 그때는 작품 전체를 잘 봤다는 의미로 이해했어요. 나중에 들었더니 범석이에게 체육관에서 "사과해 주라"하던 그 장면을 보고 울었다는 거예요. 수호가 너무 멋있는 사람이어서. 그래서 애는 뭔가 남다르다, 대본을 되게 잘 보는 배우구나, 했었죠.

𝒰 **처음 현욱 씨를 만났던 날을 기억하세요?**

𝒮 헐렁한 민소매 농구 저지에 모자를 거꾸로 쓰고 사무실로 들어오는데 생각보다 되게 수줍음이 많아 보였어요. 쇼트케이크 김명진 대표와 한준희 감독 그리고 저와 함께 이런저런 얘기를 하는데 현욱이는 별말 없이 계속 씨익- 웃으면서 후라이드 치킨만 진짜 열심히, 한 마리 반쯤?, 먹은 것 같아요. (웃음) 저에겐 그 모습이 현욱이에 대한 제일 강렬한 첫인상이었어요. 그래서 〈약한영웅〉 대본 쓰면서 맞아, 현욱이 잘 먹지, 하면서 수호를 대식가 캐릭터로 만들어 갔어요. 촬영 전까지도 낯을 많이 가려서 (박)지훈이, (홍)경이, 이렇게 소규모 리딩을 자주 했어요. 산책도 같이 하고, 자주 걷고, 배우들끼리 친해지라는 의도도 있었는데 어쩐지 계속 수줍수줍 하더라고요. 그러던 녀석이 첫 촬영, 첫 슛이 들어갔는데 갑자기 안수호로 확 등장해 버려서 엄청 놀랐어요. 그 이후 〈약한영웅〉과 함께한 1년은 거의 수호 톤으로 살았던 것 같아요. 요즘 보면 다시 옛날의 조용한 현욱이로 돌아왔던데요.

𝒰 **첫 촬영은 어떤 장면이었는데요?**

𝒮 책상에서 자다 깬 수호가 오늘 점심 뭐냐고 묻던 교실 신이었어요. 수호의 애착 소품은 현장에서 배우가 직접 선택하라고 했는데 현욱이가 보자마자 그 팔베개를 골랐죠.

𝒰 **수호가 없는 책상 서랍 안에 핑크 베개만 홀로 남아있는 장면이 너무 슬프더라고요.**

𝒮 나중에 수호가 진짜 긴 잠에 빠진다는 걸 알고 있으니까… 할 수 있는 한 최대한 자주 이 아이의 잠을 깨웠던 것 같아요.

𝒰 **대식가의 면모 외에 수호의 캐릭터가 배우 최현욱을 만났기 때문에 바뀐 부분이 있나요?**

𝒮 수호는 신화적인 인물이고 실존 인물은 아니라고 생각했어요. 하지만 그런 수호를 최현욱이 연기하면서 어디에선가 살고 있을 것 같은

인물로 만들어 버렸다고 해야 되나. 결국 안수호라는 인물이 우리 마음에 그렇게 오래 남아있던 이유도 최현욱의 지분이 너무 크다고 생각해요. 귀여운 장난꾸러기 같은 모습 역시 확실히 최현욱 배우가 입힌 수호의 색이죠. 솔직히 대본 쓸 때만 해도 수호가 지금의 결과물처럼 매력적으로 만들어질 거라곤 생각 못 했었거든요. 야구부원들과의 액션 신에서 배트를 들고 확 위협하다가 웃으면서 "쫄았지?" 하던 장면도, 대본에는 수호가 자다가 일어난다, 싸우니까 멋있다, 역시 이 친구 강력한 한 방이 있네, 이래서 벽산고 짱이구나 정도였어요. 현욱이를 보면 엄청 신기해요. 당시엔 연기 경력도 길지 않고, 연기를 공부하듯 배운 것도 아닌데 저렇게 잘 해내는 건 본능인가? 궁금해지더라고요. 저는 대본을 쓰면서 연출을 하니까, 지문에 비워 둔 공간은 배우들과 직접 대화로 맞춰 나가는 편이거든요. 지문에는 보통 감정, 행동, 동기만 담겨 있으니까 왜 이렇지? 이건 이래서야, 같은 식으로 설명하며 빈틈을 현장에서 채워 나가는 거죠. 그런데 현욱이 연기에는 전혀 설명해야 할 빈 여백이 없는 거예요. 애드리브든 사소한 행동이든 자기가 늘 채워 버려요. 어떻게 이 신을 이렇게나 정확히 잘 이해하고 있지?라는 생각이 들 정도로. 촬영 때 현욱이한테 직접 물어본 적도 있어요. "야, 너 솔직히 집에 가면 아무것도 안 하고 대본만 보지?" 했는데, 절대 아니라는 거예요. 그냥 술 먹고 놀아요. (웃음) 제가 계속 캐물으니까 나중에 고백하더라고요. 집에서 대본만 보고, 애드리브도 다 준비해 오고, 생각도 많이 한다고. 아— 이 녀석, 본능도 타고났는데 심지어 노력도 한다고? 게다가 생각해 보면 너무 무서운 게, 오래 준비한 걸 내놓는데 현장의 모든 사람들이 다 즉석에서 나온 애드리브라고 느낀다는 거죠. 예를 들어 수호가 교실에서 자다 일어나서 "오늘 점심 메뉴 뭐냐?" 하고 묻잖아요. 원래 거기까지가 대본이고, 이후는 야구부 지분으로 넘어가야 하는 건데, '제육'이라는 대답에 "아, 좋은데? 아, 단백질…" 이런 말을 툭 내뱉는데 깜짝 놀랐죠.

U **굉장한 구체성을 가진 말이잖아요.**

S 용마랜드에서 "담배나 좀 새끼야… 건강해라"나, 석대(신승호)를

보며 말하는 "니네 형은 쪽팔린가 본데?" 같은 것도 원래 없던 대사거든요. 현욱이의 애드리브는 단순히 대사 사이를 채우는 말이 아니라, 서사의 빈 구멍을 메워주는 효과까지 있죠.

U **수호는 대사뿐 아니라 하트나 윙크 같은 손짓, 몸짓도 인상적이잖아요.**

S 수호가 시은에게 헬멧 씌워주는 장면은 촬영 초반에 찍었어요. 원래 대본에는 없었고, 현장에서 부탁했던 행동이었는데 두 사람이 되게 맛깔나게 살려버리더라고요. 헬멧을 씌우고, 시은이 머리를 퉁! 치고 "귀엽네" 하고 휙 가는 그 리듬이. 한준희 감독님이 뒤에서 모니터를 보다가 "뭐야, 이거 멜로잖아?" 하셔서 "이거 멜로예요"라고 대답했죠. 저 혼자만의 비밀처럼 가지고 있었던 건데요. (웃음) 그리고 한강에서 싸움 가르쳐주면서 수호가 시은의 두 팔을 잡고, 두 볼을 톡톡 치는 것도 현장에서 만든 거예요.

U **최현욱 배우에 따르면, 박지훈 배우의 팬들을 위해 만들어주고 싶었던 장면이었다고 하더라고요. 연시은 캐릭터는 도통 웃을 일이 없으니까, 그렇게라도 귀여운 모습을 주고 싶었다고요.**

S 와— 정말요? 그러니까 현욱 배우가 저보다 대단한가 봐요. 시야가 엄청 넓은 배우예요. 저는 팬덤까지는 생각을 못 했거든요. 현욱이를 보면 눈치가 엄청 빠르거든요. 그런데 그게 티가 안 나요.

U **본격적인 액션신도 많은 캐릭터였죠.**

S 작품 내에서 액션신이란 굉장히 심플한 목적을 가지고 있죠. 1. 진짜 때리는 것처럼 보일 것. 2. 진짜 맞는 것처럼 보일 것. 3. 그것들을 부상 없이 잘 소화할 것. 최현욱표 액션의 장점은 엄청 심플하지만 그 장면을 힘 있게 만들어 낸다는 거예요. 2부에서 석대와 싸울 때 트럭을 타고 넘어가는 액션은 무술 감독님이 현장 상황을 보고 만든 거였어요. 저는 이건 대역을 써야 한다고, 배우가 다치면 어떻게 하냐고 했는데 현욱이가 그냥 할 수 있다며 한두 번 해보더니 진짜 해버리더라고요. 운동선수 출신이라 기본적으로 운동 수행 능력이 뛰어난 부분도 있는데, 실제 격투가처럼 한다기보다 카메라 프레임 안에서 몸이 어떻게 보여야 하는지를 잘 아는 배우예요. 사실 현장에서 거울을 하도 많이 봐서 주변에서 '거울 왕자'라고 맨날 놀리거든요. (웃음) 용마랜드 액션신 찍을 때도 촬영감독님이 "현욱아, 어차피 휙휙 지나가서 얼굴 제대로 안 나와" 하는데도 사이사이 거울 보는 걸 멈추지 않았죠. 하지만 저는

한마디도 뭐라 한 적이 없어요. 배우가 자기가 화면에 어떻게 나와야 되는지를 정확히 파악하고, 어떤 얼굴이 가장 매력적인지를 아는 건 되게 중요한 거니까 오히려 좋던데요. 그리고 결과적으로 그 과정이 멋진 화면을 만들었잖아요. 저는 사실 현욱이 액션을 보면서 남몰래 눈물을 훔친 적도 있어요.

U **언제였나요?**

S 7부 체육관에서 수호가 정말 긴 싸움을 하잖아요. 하지만 전체 시퀀스를 12시간 좀 안 되게 하루 만에 찍어야 했어요. 10시간 이상 몸을 쓰면서 촬영을 하다 보니 거의 다 탈진, 탈수 상태였죠. "컷!" 했더니 현욱이도 링 위에 대자로 뻗었어요. 달려가서 배우 상태를 보는데 촬영도 급하지만 당연히 잠깐 멈춰야 한다고 생각했죠. 그때 현욱이가 일어나서 물을 벌컥벌컥 들이켜면서 "감독님 저 할 수 있어요, 할 수 있어요" 그러는 거예요. 아니라고, 너무 무리하지 말라고 했는데도 자기는 진짜 할 수 있다고, 빨리 하시죠, 하면서 오히려 저를 이끌더라고요. 그다음 찍은 컷이 강우영(차우민)에게 퍽퍽 맞는 거였는데, 물론 연기라는 걸 아는데도 맞고 쓰러지는 수호 얼굴을 보는데, 와… 방금 전까지 죽을 것처럼 누워있던 배우가 다시 일어나 안수호로 링 위에서 연기를 하고 있는 모습이… 어떤 감동 같은 게 밀려와서 눈물을 참을 수가 없었어요.

U **그렇게 배우의 육체와 정신이 함께 싸우는 순간을 목격할 때면, 일종의 숭고함까지 느끼기도 해요.**

S 저는 늘 액션 신 안에 감정까지 넣어주길 바라는데, 그러면 액션 연기 중간에 감정 때문에 포즈가 생기는 경우가 있어요. 그렇게 되면 무술팀과 촬영팀은 복잡해지는 거죠. 그런데 현욱이는 매 순간 실제로 몸을 쓰고 진짜로 싸우는 것처럼 보이는 액션 속에 봉제선 없이 감정을 탁 붙여버리거든요. 수호가 종합격투기 선수였다는 배경이 있으니 액션스쿨 외에도 김동현 선수 체육관에도 찾아가더라고요. 사실 그렇게 몇 번 가서 폼을 배운다고 속성으로 되는 게 아니거든요. 단계별로 꽤 오랜 시간을 들여야 하는 거고, 잽 한 번 치려고 해도 한 달이 걸리는 거죠. 현욱이가 거길 다녀와서 저한테 얘기한 건 그거였어요. 물론 자세

도 배우지만 프로 격투가들의 마음 같은 것들을 많이 배우고 보는 것 같다고요. 아… 똘똘하네, 똑똑하다, 예쁘다라는 생각을 했죠.

𝒰 예쁘다, 라는 게 보통 이 정도 피지컬의 성인 남성에게 잘 쓰지 않는 표현인데 저 역시 책을 쓰기 위해 집중해서 본 이 사람은 참 예쁘구나, 생각했어요. 그리고 이 예쁨의 근원이 뭐지? 궁금해졌고요.

𝒮 제 아내(영화 〈침범〉의 김여정 감독)가 그런 얘기를 자주 하거든요. 현욱이는 사람을 참 사랑스럽게 쳐다봐. 제가 겪은 현욱이도 비슷해요. 그리고 어른이니까 어른스럽다가 아니라 어른스러운 소년의 느낌이라고 해야 하나? 여전히 순수한 건지 아니면 그러기 위해서 끊임없이 노력하는 건지는 모르겠지만, 순수성이 아직도 이 사람의 가운데 강하게 남아있다는 느낌을 받아요.

𝒰 그래서 예쁜가 보군요. 어린아이에게 예쁘다고 말하는 건 단지 예쁜 이목구비에 대한 표현이 아니니까.

𝒮 아이들을 보면 눈에 호기심이 가득하잖아요. 현욱이 눈을 보면 저는 지금도 종종 그런 느낌을 받을 때가 있거든요. 뭔가 똘망똘망 초롱초롱 호기심 가득하다고 해야 하나.

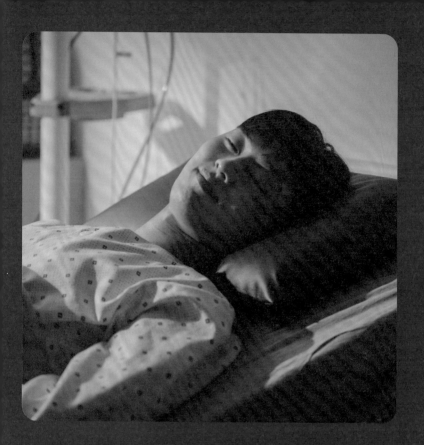

U 병원에서 시은이 수호를 꿈처럼 만나던 장면을 좋아합니다.

S 그 때 수호의 미소에 대해 촬영 전부터 계속 강조했던 것 같아요. 현욱아, 시은이 마음에 오래도록 남았으면 좋겠어, 너를 생각했을 때 그 미소가 떠올랐으면 좋겠어, 어떻게, 어느 정도 웃을지, 어떤 미소일 지 생각해 봐. 지문에는 '수호 씨익 웃는다' 정도로 써 있지만 결국 배 우가 해내야 하는 영역이거든요. 감독은 그걸 잘 표현해 주기를 응원하 거나 기도하는 것 외엔 할 수 있는 게 없죠. 결국에 마지막에 "나도" 하

고 씩 웃는 현욱이를 보는데 아- 좋다, 저 미소가 시은이 마음에 아주 오래도록 남겠구나. 지금 봐도 너무 슬퍼요. 그 미소가.

U 그래서인지 'Class 2' 수호의 재등장이 너무 반가웠죠. 어쩌면 저 순간을 맞이하기 위해 이 시리즈가 이만큼 처절하게 달려왔나 싶을 정도로.

S 그 장면 찍는 날에는 현장의 스태프들도 다 술렁술렁하는 게 느껴졌어요. 수호가 분장 차에 있대⋯ 하면서. 환자복을 입고 시은이와 만나는 장면을 찍을 때는 모두가 하던 일을 멈추고 둘을 바라봤죠. 'Class 1'부터 같이 했던 몇 명은 울었던 기억이 나네요.

U 휠체어에 앉아서 단지 세 마디 말만 하죠. 짧은 대사지만 너무 수호답다, 라고 생각했어요.

S 배우로서는 3년 만에 안수호를 연기하는 거잖아요. 그래서인지 제 생각보다 훨씬 더 큰 부담과 걱정을 가지고 현장을 왔더라고요. 대본도 똑같이 세 줄이었지만 대사는 달랐어요. '잘 지냈냐'라고 적혀있던 걸 현욱이가 "잘 살았냐"로 바꿨는데 그 차이를 저는 편집할 때 알았어요. 그게 'Class 1'에서 수호가 시은이 집을 찾아간 마지막 날의 첫 대사였고 배우가 그 연결점을 생각해서 바꾼 거라는 걸. "저기 뒤에 분들은 누구셔?" 라는 가운데 대사는 그대로였어요. 하지만 이 대사는 현욱이가 영 입에 안 붙는다고 해서 한두 테이크 하고 현장에서 삭제를 했었어요. 어쨌든 의도는 살려야 되니까 편집하면서 결국 살리게 되었지만요. 사실 수호 눈에는 뒤에 누가 있는지 안 보였을 거예요. 오직 연시은만 보고 있으니까. 어쩌면 현욱이가 그 대사를 빼고 싶었던 건 시은을 향하던 시선을 갑자기 다른 쪽으로 돌리는 게 너무 힘들어서가 아닐까요? 다음은 '우리 시은이 다 컸네, 친구도 생기고'였는데 그걸 현욱 배우가 "보기 좋네"라고 함축적으로 표현해 버리더라고요. 지금 와서 생각하면 원래대로 했으면 너무 '작위'적인 동시에 감독의 '작의'를 너무 설명해 주는 대사가 되었을 것 같아요. 그래서 최현욱⋯ 역시 좋네, 했죠.

𝒰 3년의 시간, 한 편의 시리즈 안에서 낯가리던 신인 배우에서 자신의 캐릭터를 총체적으로 파악하는 배우로 변모했어요. 〈약한영웅〉이 배우 최현욱의 성장판을 확 열어준 작품이라는 점은 모두 동의할 수밖에 없을 것 같아요.

𝒮 그런 모멘트라면 역시 노래방 촬영을 잊을 수가 없어요. 인간 최현욱과 안수호 캐릭터 사이에는 분명한 차이가 있단 말이죠. 씩씩한 수호와 달리 최현욱은 평소에 조곤조곤 말하는 사람이죠. 그런데 노래방 복도에서 범석이를 밀치면서 하는 대사를 듣는데, 저건 분명 현욱이 말투인데 동시에 너무 안수호 그 자체였어요. 캐릭터와 배우가 교집합을 만들어 내거나 그 순간에 제대로 몰입하는 경우를 보긴 했지만, 그건 완전히 일치된 '최현욱의 안수호'였어요. 제가 최현욱이란 배우의 그런 순간을 목격했다는 게 자랑스럽기까지 할 만큼요. 여기서 뛰어야지! 기합 지르고 점프하는 게 아니라, 연기를 하는 와중에 자연스럽게 휙 다른 경지로 넘어갔다고 하나? 소름이 돋았죠. 현욱이한테도 그런 말을 했어요. 나는 그날 이 배우가 앞으로 엄청난 성장을 할 거라는 확신이 들었다고, 그날 너는 벽 하나를 넘은 것 같고 아마 앞으로도 계속 이런 식으로 발전해 나갈 것 같다고. 무서운 속도로. 현욱이가 다음 벽을 뛰어넘는 순간을 또 한 번 첫눈으로 보고 싶네요.

───────────────────

𝒰 벽산고 삼총사를 비롯해서 함께 거론되는 그 세대의 배우들보다 최현욱은 대여섯 살은 어리거든요. 모든 걸 조금 일찍 겪고, 일찍 누리고, 일찍 살아가는 배우라는 생각도 들어요. 그래서 배우 최현욱에게 다음 5년이 중요할 테고 기대도 돼요. 감독님이 생각하는 최현욱의 미래는 어떤가요?

𝒮 이런 질문을 받기 전에도, 생각한 적이 있어요. 최현욱은 그 시대를 대표하는 얼굴이 될 것 같다고요. 당대를 대표했던 배우 리스트를 떠올려보면 단순히 외모 혹은 연기력만의 기준은 아닌 것 같고, 뭔가 그 시대가 열광하는 인물은 따로 있는 것 같거든요. 제가 보기에 현욱이는 그런 예감이 들어요. 향후 5년간의 한국 영화나 드라마 작품에서

제일 중요한 역할을 하고 있는 배우가 되지 않을까 싶어요.

U 한 명의 스타가 탄생하는 것은 개인의 노력만으로 되는 건 아니니까요.

S 제가 현욱이한테 그렇게 말해요. 너는 록스타의 기질을 가지고 있다고. 그냥 스타 말고 슈퍼스타는 대중들의 호와 불호를 동시에 건드려야 된다고 하잖아요. 제가 고등학생 현욱이를 처음 본 유튜브 예능이 있는데 그때의 인상 역시 '이 친구는 뭔지 모르겠는데 사람들을 자꾸 당기네?'였어요. 요즘 현욱이를 보면 뭔가 세상과 타이밍 같은 게 잘 맞아떨어지는 느낌이 들어요. 그것이 상실이든 아픔이든 비난이든 환호든 이 배우를 배우로서 커 나가게 하는 그 모든 타이밍들이 어떤 대운의 시기 위에 있달까요. 온 세상이 이 친구를 돕고 있다는 게 느껴져요.

U 감독님도 현욱이 일이라면 기꺼이, 라며 이렇게 배우연구소까지 방문하셔서서 인터뷰를 돕고 계시고요.

S 저는 현장에서 배우들과 대화를 엄청 많이 하거든요. 그런데 돌이켜 보면 현욱이와는 연기 관련 대화를 제일 적게 했던 것 같아요. 그냥 혼자서도 잘했죠. 그래서 제일 어린 친구임에도 불구하고 제가 좀 더 의지했던 것도 같고요. 그나저나 신기하네요. 편집을 하다 보면 현장에서 미처 몰랐던 걸 깨닫게 되는 순간이 자주 있는데, 소장님의 질문을 듣고 최현욱에 관해 생각할수록 제가 이 친구를 잘 몰랐구나, 싶기도 해요. 앞으로 현욱이에게 조금 더 잘해 줘야겠다는 생각도 들고요. 물론 계속 맨날 장난치고 놀리겠지만.

U 다른 작품을 통해 최현욱을 카메라에 담는다면 어떤 모습일 것 같나요?

S 미안하지만 저는 현욱이가 극 중에서 고통받고 슬퍼할 때가 보고 싶어요. 뭔가 귀엽고 예쁜 것보다 애가 아파할 때, 힘들어할 때가 좋아요. (웃음) 체육관 신에서 탈수 증상이 왔는데도 다시 일어나는 그런 면모랄까? 이 배우의 눈을 보면 어떤 역경도 이겨낼 것 같달까? 그러고 보니 느와르 같은 거 같이 해도 재밌겠네요. 아니면 엄청 달리고 달리는 형사. 오히려 범인은 안 어울릴 것 같고. 차분한 악역보다 뜨거운 쪽. 무엇보다 최현욱 배우님이 앞으로 더 잘돼서도 부디 저를 잊지 않았으면 좋겠네요. (웃음)

CHOIHYUNWOOK OLOGY

지금 이 순간, 움직이는 찬란함

"하는 짓이 예뻐.
차차 보여줄게. 기대해."

〈스물다섯 스물하나〉의 '7반 이쁜이'
문지웅은 자신을 이렇게 소개한다.

짓: 【명사】 몸을 놀려 움직이는 동작.

최현욱은 하는 '짓'이 예쁜 배우다.
연기의 본질이 정지보다
흐름에 있다면, 그는 그 원리를
직관적으로 이해하는 사람이다.
최현욱이라는 파일을 제대로
작동시키는 확장명은 '.jpg'보다는
'.mov'다. 정지된 사진 속에선
미처 담기지 않는 이 배우의 존재감은,
움직이는 순간에 가장 선명해진다.

〈반짝이는 워터멜론〉

〈반짝이는 워터멜론〉에서 이찬이 청아(신은수)의 손을 잡고 교정을 힘차게 달리며 돌아보는 순간, 소년의 싱그러운 미소에 반한 건 비단 청아만은 아니었을 것이다. 그는 멈춰서서 바라보지 않는다. 달리며 돌아본다. 움직임의 흐름 속에서 감정을 담아낸다. 〈스물다섯 스물하나〉에서 스케이트보드를 타고 복도를 질주해 유림이 앞에 당도하던 지웅의 모습에서도, 〈약한영웅 Class 1〉에서 친구들의 엉덩이를 두드리며 앞지르는 수호의 주법에서도, 그의 리듬은 이어진다. 6분 14초의 완주는 "볼트 형"보다 느린 기록일지 몰라도 그의 움직임은 단지 속도의 문제가 아니다. 최현욱의 '짓'은 방향과 감정을 담는 방식이기도 하다. 그는 어디로 튈지 모르는 순간의 에너지를 통제하며, 가장 현재적인 시간 속에 속도와 밀도를 공존시킨다. 바람에 흔들리는 나뭇잎, 파도치는 바다, 달리는 사람처럼, 움직임이 가진 현재성은 보는 이의 오감을 최대치로 자극하게 마련이니까.

이런 감각은 타고나는 동시에 오랜 시간 몸을 단련해온 사람에게서 나오는 것이기도 하다. 야구에 오롯이 바친 청소년기는 최현욱에게 메이저리그행 비행기표를 안겨주진 못했지만, 제대로 몸을 움직이는 법을 훈련시켰다. 누군가에게 보여주기 위한 전시용 근육이 아니라, 제때 치고 달리고 잡고 던지기 위한 실용적인 근육과 몸의 감각을 익혔던 시간이었다. 교실에서, 공터에서, 링 위에서, 병실에서, 최현욱의 페르소나들은 제때 눕고, 제대로 일어난다.

최현욱의 펄떡이는 운동성은 몸을 넘어, 감정과 표정의 리듬으로 확장된다. 그는 정지된 얼굴에 감정을 집약해 보여주는 배우가 아니다. 대하사극의 엔딩 컷처럼, 드라마틱하게 마무리된 표정으로 카타르시스를 선사하는 배우도 아니다. 오히려 감정이 흘러가는 동안 만들어지는 몰입과 그 흐름 끝에 도달하는 표정의 궤적이 더 흥미로운 배우다. 〈하이쿠키〉에서 셰프의 정체가 호수였음이 밝혀지는 순간도 그렇다. "희진이랑 데이트" 다녀왔다며 환하게 웃던 호수의 얼굴은, 분노를 억누르듯 찡그리며 일그러지고, 바르르 떨던 입술 끝은 차가운 무표정으로 닫힌다. 이 비트의 전환이 일어나는 데 걸린 시간은 고작 6초 남짓이다.

모든 운동에는 방향성과 우연이

공존한다. 이 사람의 움직임이 다음 순간 어디로 흘러갈지 모른다는 예측 불가능성. 바로 그 긴장감과 기대감이야말로, 화면 속 최현욱에게서 눈을 뗄 수 없게 만드는 진짜 이유다.

손2 말한다

〈약한영웅 Class 1〉에서 수호가 시은의 필통을 주워주며 건넨 어정쩡한 '닭발' 손인사. 〈반짝이는 워터멜론〉에서 아이스크림 가게 아르바이트 중 첫눈에 반한 세경에게 "제 이름은 하2찬, 또 봐요!"라며 민첩하게 내밀던 두 손가락. 〈그놈은 흑염룡〉에서 팔굽혀펴기 백만 개를 선언하며 "다음 목표는 2년"이라고 말할 때도, 회식 메뉴로 "한우 2뿔"을 허락할 때도, 그의 손끝은 자연스럽게 V를 그린다. 최현욱의 손은 장면과 장면 사이를 잇는 시그니처처럼 반복된다. 이 배우를 오래 지켜본 이들이라면 누구나 기억하게 될 정도다. 최현욱은 손을 잘 쓰는 배우다. 굳이 말로 풀어낼 필요 없는 순간들을, 손의 동작 하나로 빠르고 효율적으로 전달한다. 행동에 정체를 일으킬 대사는, 그의 몸이 먼저 걷어낸다.

〈약한영웅 Class 1〉에서 전영빈이 끌고 온 석대 무리와의 싸움을 끝낸 뒤, 손을 휘휘 저어 저 친구들을 이끌던 순간에도 마찬가지다. 망설이는 시은에게 재차 오토바이에 타라고 할 때도 "타—"라는 말을 반복하기보다는, 눈짓과 고갯짓으로 대신한다. 한강에서 싸움의 방법을 가르치던 중, 쓰러진 시은을 일으켜 세울 때도 손동작이 먼저 방향과 행동을 지시한다. 〈반짝이는 워터멜론〉에서 다시 원래의 시간으로 돌아가는 아들 은결을 안아주기 전, '이리 오라'는 뜻을 담은 손짓은 이미 아버지의 그것이다.

그의 손은 단순한 효율을 넘어, 더 많은 감정을 표현하고 마음을 건네는 도구가 된다. 악수도, 하트도 결코 평범하지 않은 〈라켓소년단〉 우찬의 중독적인 손놀림, 〈약한영웅 Class 1〉에서 버스에 탄 시은을 향해 무심하게 날리는 수호의 손가락 하트, 〈반짝이는 워터멜론〉에서 부끄러움에 얼굴을 가리며 뛰어가는 하이찬의 방정맞은 두 손. 최현욱의 손은 우정과 사랑의 감정을 전하는, 가장 명확한 온도의 언어다.

〈반짝이는 워터멜론〉에서 이찬은 무너지는 책더미를 "영원한 종이 형님, 강백호"처럼 재빠르게 막아내며 청아를 구한다. 이 우연한 만남은 배우 최현욱의 '손 사용'을 한층 더 의미 있는 커뮤니케이션으로 확장시키는 계기가 된다. 이찬은 자기의 마음이 "어서 나에게 목소리를 들려주세요"라고 간절히 바라던 여신 최세경이 아니라, 목소리를 낼 수 없는 소녀 청아에게로 향하고 있음을 서서히 깨닫게 된다. "잘 봐. 오직 너만을 위한 무대야." 그가 진심을 담아 연습한 수화로 청아에게 들려주던 노래 '마법의 성' 덕분에, 하은결은 무사히 세상에 태어날 수 있었다.

최현욱은 대사를 할 때도, 마치 자신만의 손의 언어를 창조하듯 손동작을 쓰는 배우다. 손을 적재적소에 자연스럽게 사용하는 연기는 생각보다 쉽지 않다. 손으로 표현할 수 있는 '언어의 단어장'이 빈약해 비슷한 손짓만 반복하는 경우도 많다. 결국 몇 가지 익숙한 패턴에 기대기도 한다. 턱 괴기, 머리 긁적이기 같은 상투적인 동작들이 남발될 때, 손은 감정의 확장이 아니라 연기의 장식이 되어버린다. 하지만 최현욱은 매 장면마다 손을 새로운 단어나 문장처럼 구성한다. 상대의 동선을 따라 손을 움직이거나, 감정의 미세한 진동에 따라 손가락의 긴장감을 조절한다. 그의 손짓은 맥락 안에 있고, 관계 속에 있으며, 대사와 리듬을 나눠 갖는다. 그래서 다소 잦은 손동작마저 반복처럼 느껴지지 않고, 오히려 이 배우만의 특징으로 자리 잡는다.

〈반짝이는 워터멜론〉

튄다, 튄다?, 튄다!

결과물을 놓고 추측컨대, 최현욱은 연기를 '이해'하기보다는 '현존'시키는 데 몰두하는 배우다. 공부하듯 대본을 분석하고 그 결과를 텍스트로 머릿속에 정리해 두는 배우들은, 카메라 앞에서 기억을 다시 꺼내 놓는 시간을 겪는다. 그 과정은 때때로 연기의 발화 시점과 감정의 발현 시점 사이에 미세한 시간차를 만들어낸다. 마치 머릿속에 떠오른 대본을 눈앞에서 빠르게 읽는 것 같은 어긋남 말이다. 하지만 최현욱은 늘 정확하게 그 장면의 트랙 위에 있다. 예습해 둔 연기를 복기하는 대신, 그 순간의 감정에 정확히 싱크를 맞춘다. 그래서 이 배우의 연기는 펄떡인다. 눈에 보이지 않는 감정의 박자와 대사의 발화가 겹쳐질 때, 우리는 그를 '살아 있다'고 느낀다.

학창 시절 "똑같은 잘못을 해도 유독 더 많이 야단을 맞았다"는 최현욱은 이미 태생적으로 '튀는' 존재였다. 획일화된 집단 속에선 망치를 부르는 못이지만, 그 작은 세계를 뚫고 나오는 송곳은 더 먼저 큰 세상을 본다. 배우가 된 최현욱은 여전히 바다에서 막 건져 올린 활어처럼 펄떡이며 튄다. '튀는' 존재는 두 가지 운명을 동시에 지닌다.

어디서든 시선을 끄는 존재감과 선도 높은 생명력은, 스타이자 배우로 존재하기 위한 필수요건이다. 반면, 현재 상태가 표층에서 고스란히 노출되는 위험도 안고 있다. 신선함에는 무릇 유효기간이 있다. 누군가는 그것을 노련한 기술로 갱신하고, 또 누군가는 미세한 포장으로 감춘다. 하지만 어떤 배우는 말보다 먼저 움직이는 몸, 정제되지 않은 떨림까지도 그대로 내보이며 그 시간과 정면으로 부딪친다. 지금의 최현욱은, 그 마디마디를 온몸으로 통과하고 있는 사람처럼 보인다.

〈스물다섯 스물하나〉

〈스물다섯 스물하나〉에서 자기 때문에 행선지를 바꾼 거냐고 묻는 유림의 귀여운 착각에, 지웅은 "에이, 그 정도로 널 좋아하진 않아"라며 장난을 친다. 물론 거짓말이다. 그 이상으로 좋아한다. 〈약한영웅 Class 1〉의 안수호는 범석이 위험에 처한 시은을 구하러 가자고 도움을 요청하자, "그 정도 사이는 아닌데"라고 말한다. 거짓말이다. 결국 그 이상의 사이가 된다. 한 배우의 대사가 전혀 다른 작품들에서 공통적으로 발견되는 것은 그저 우연만은 아닐 것이다. "선은 넘지 마시고, 적당히 하셔야지?"라던 수호의 경고는 〈하이쿠키〉의 호수의 입을 통해 또다시 반복된다. 마약 쿠키 유통을 돕던 세탁실 이모님과 통화하던 호수의 진짜 정체가 드러나기 직전에 내뱉는 말 역시 "선, 넘지 마시고"다. 〈반짝이는 워터멜론〉의 이찬은, 장애를 가진 청아를 괴롭히는 못난 남학생들을 향해 "선 넘지 마라, 형이 이쁘게 경고했다"고 마지막 주의를 준다. '정도'에 예민하고, 선 넘는 걸 싫어하는 최현욱의 인물들은 과함과 모자람, 이쪽과 저쪽의 경계를 분명히 인지하고 있다. 그래서 예쁘다.

'7반 이쁜이'는 3반에 가도, 1995년에서도 '이쁜이'다. 〈반짝이는 워터멜론〉의 할머니는 "어디 하나 삐끗하지 않고, 몸도 마음도 건강해서 예뻐"라고 사랑을 가득 담아 말한다.

180cm가 훌쩍 넘는 건장한 성인 남성에게 좀처럼 쓰지 않는 '예쁘다'는 수식은 최현욱 근처에만 가면 묘하게 달라붙는다. 배우가 스스로 골랐다는 수호의 핑크색 토끼 베개처럼 볼과 팔에 착 감겨버린다. 할머니 옆에 찰싹 붙어누워 "내가 어디가 얼마나 예쁜데? 아앙~ 말해 봐… 내가 어디가 그렇게 예쁜데~"라며 손을 덥석 잡고, 두 발을 동동 구르다 급기야 이불 속으로 파고드는 몸집만 커버린 어린 "왕자님"을 거부하기란 어렵다. 밥 먹으러 가자는 시은의 말에 "근데 눈빛이 왜 그래? 안 먹어!"하고 샐쭉 토라지며 고개 돌리는 수호의 요망진 태도나, "어머! 어머 어머 어머" 감탄사를 연발하며 엄살과 호들갑을 떠는 하이찬의 애교 역시 최현욱을 통하면 예뻐진다. '추구미'가 멋있음이 아니라 예쁨을 향하면 향할수록 오히려 멋있어지는 사태가 발생한다. "정석 미남은 아니지만" 한번 이 배우의 "스타일"에 빠지면 최현욱만 보게 된다.

"귀때기든, 심장이든"

"난 내가 좋아, 나로 사는 거 신나"라고 외치는 〈스물다섯 스물하나〉의 문지웅은 세상 모든 아름다운 것들을 탐한다. 하지만 그가 즐기는 자기애와 삶의 환희는 타고난 것이 아니다. 어린 시절 부모가 이혼한 뒤, 엄마와 함께 살아온 지웅은 결핍에 머무르기보다, 남은 한쪽의 사랑을 더 힘차게 받아들이며 스스로를 긍정하게 된 친구다. 반주연은 화려한 재벌가의 상속자지만 동시에 사고로 부모를 잃고 자신만의 동굴 속에서 자라난 "누구보다 사랑이 필요한 아이"였다. 〈지리산〉의 임철경 역시 지리산 천왕봉 등반에 성공한 뒤 부모님께 한마디 하라는 교관의 말에 "엄마 아빠 없는데요"라고 덤덤하게 응한다. "니가 시온이구나." 의식을 잃고 병실에 누워있는 〈약한영웅 Class 1〉의 수호 곁을 지키는 건, 친한 친구의 이름까지 알고 있는 엄마 같은 할머니다. 겉으로는 그늘을 찾아볼 수 없는 〈반짝이는 워터멜론〉의 이찬 역시 사실은 도박꾼 아버지를 둔 소년이다. 사랑받은 적이 없기에 사랑 주는 법을 몰라 두려워했던 그는, 오직 할머니의 절대적인 사랑 덕분에 건강하게 자라날 수 있었다. 최현욱 역시 할머니 손에서 몸도 마음도 건강하게 자라난 청년이다. 〈그놈은 흑염룡〉에서 한 번도 자신을 인정하지 않았던 할머니가 "날 지켜줘서 고맙다"고 처음으로 사과할 때, 〈반짝이는 워터멜론〉의 할머니가 청력을 잃은 손자를 위해 "귀때기든, 심장이든, 눈 두 쪽이든 다 줄 수 있다"며 오열할 때, 배우 최현욱이 흘렸던 눈물의 양과 농도는 유독 많고 진했다.

너의 이름은.

최현욱의 인물들은 일단 이름표를 내걸고 시작한다. 문예찬, 노예준, 박승태, 나우찬, 임철경, 문지웅, 안수호, 신아휘, 하이찬, 서호수까지. 데뷔작 웹드라마부터 유독 교복을 입은 캐릭터가 많기 때문이기도 하지만 〈D.P. 2〉의 병장 신아휘 혹은 손석구의 학창 시절을 연기한 〈지리산〉의 임철경도 청원수련원 트레이닝복 왼쪽 가슴팍에 이름을 달고 나온다. '나우, 찬'이라는

〈약한영웅〉

이름에는 현재(Now)에 대한 찬가가,
'하이, 찬'이라는 이름에는 재회의
반가움(Hi)이 담겨있다. 친구를 지키기
위해 긴 잠에 빠져버린 '수호'천사와
가족을 지키던 끝에 깊은 '호수'로 침잠한
소년은 거울처럼 서로를 바라보고 있다.
　　이름표를 단다는 것은 연기에서도
간접화법보다는 직접화법의 태도를
요구한다. 캐릭터와 배우 사이의 미학적
거리보다는, 공감과 동일시가 진짜와
가짜를 가르는 기준으로 작동한다.
지금까지 최현욱은 '나'로부터 시작해
이야기와 손을 잡았던 인물들을 주로
연기해왔다. 〈라켓소년단〉의 나우찬은
배드민턴 선수였고, 〈약한영웅〉 시리즈의
수호는 전직 격투기 선수 출신이다.
이들은 모두 학교나 군대처럼 유니폼을
입은 조직 속에 있고 대부분의 작품
구성이 야구처럼 단체전의 양상을 띠고
있다. 십 대를 온전히 바쳤던 야구를
그만두고 배우의 길을 선택한 최현욱.

그를 제대로 비상시킨 캐릭터 안수호의
첫 등장이 배트를 들고 떼로 몰려드는
야구부원들을 혼자서 전멸시키는
신이었다는 건 꽤 상징적이다. 약간의
과장을 보태자면 실제와 극 중 서사가
포개지는 어떤 운명의 암시처럼 보일
정도다. 어느덧 〈하이쿠키〉의 호수는,
2025년을 기준으로, 명찰을 단 최현욱의
마지막 인물이 되었다. 반면 극중에서
처음으로 죽음을 맞이한 캐릭터이기도
하다. 호수의 장례를 치른 후, 그가
선택한 다음 역할은 〈그놈은 흑염룡〉의
반주연이었다. 교복 대신 수트를 입고,
명찰 대신 브로치를 달고 등장한 이
인물은, 이름표의 시대를 지나 도착한
새 장의 첫 문장 같았다.

〈그놈은 흑염룡〉

맨 앞줄 배우

〈D.P. 2〉의 신아휘, 〈하이쿠키〉의
서호수처럼 건조하고 어두운 내면을 지닌
인물에서부터, 〈스물다섯 스물하나〉와
〈반짝이는 워터멜론〉 속 눈부시게
웃는 '반짝이는 얼굴'까지, 최현욱은
명과 암을 자유롭게 넘나드는 연기의
스펙트럼을 보여주었다. 절대적인 작품
수는 많지 않지만, 스포츠, 액션, 판타지,
미스터리, 스릴러, 범죄, 로맨틱코미디
등 폭넓은 장르를 두루 경험했다.
또래를 사로잡는 힙한 감각에 더해,
누군가의 아들, 손자, 심지어 아버지로서
깊은 교감과 유대를 나눌 수 있음도
입증했다. 최현욱이 지나온 6년의
궤도는 이 배우의 무한한 가능성과
유연한 확장성을 증명한, 작지만

강렬한 쇼케이스였다. 그렇게 최현욱은
'Bestin Rabbits 37'의 쇼케이스처럼,
창작자에게는 '골라먹는 재미'를,
관객에게는 '새로운 맛 출시'의 설렘을
안기는 배우로 자리잡았다.

2002년생으로 데뷔 6년 차에 접어든
최현욱은, 출생연도와 연기 이력을
감안할 때 동세대 배우들 중 가장 먼저
개화기를 맞이한 '맨 앞줄 배우'다. 그는
극 중 친구 혹은 연인으로 호흡을 맞춘
남지현(1995년생), 문가영(1996년생),
홍경(1996년생), 려운(1998년생),
박지훈(1999년생), 김도연(1999년생),
정다빈(2000년생)과 비교해보면 가장
어린 축에 속한다. 동갑내기이거나 더 어린
신은수(2002년생), 탕준상(2003년생),

김강훈(2009년생)이라도 경력 10년 차 이상의 선배들이라는 점을 감안하면, 그의 성장은 더욱 인상적으로 다가온다.

이제 겨우 스물넷. 최현욱은 아마 어떤 배우보다 길고 긴 청년기를 보내게 될 것이다.

맨 끝줄 소년

맨 앞줄 소년은 선생님과 칠판 위 지식을 더 가까이 볼 수 있겠지만, 맨 끝줄 소년은 모든 걸 볼 수 있다. 교실 안의 사람들, 복도, 그리고 창밖의 세상까지. 중요한 건 교과서가 아니라 복도에 있던 〈스물다섯 스물하나〉의 지웅은 유림과의 미래를 약속하며 이렇게 말한다. "어디서 나타났는지는 중요하지 않아. 어디로

같지가 중요하지." 타고난 본능과 삶의 경험으로 연기를 써 온 배우는, 이제 옷을 갈아입었다. 자서전을 끝낸 소설가처럼, 공감의 끈은 놓지 않으면서도 창작과 상상력의 차원으로 튀어나갈 준비를 마친 것이다. 물론 그 방향은 여전히 예측할 수 없다. 하지만 분명한 건, 이 배우가 마침내 선을 넘기로 결심했다는 사실이다.

〈약한영웅〉

INTERVIEW

"그 어떤 순간에도
 저를 잃고 싶지 않아요"

최현욱 × 백은하

Una   처음 만났을 때 그런 말을 했잖아요. 자기 얘기를 하는 것이 되게 낯설게 느껴진다고.

Hyunwook   진심이었어요. 그냥 매사에 호기심이 많아서 누군가를 만나면 질문을 하는 입장일 때가 많거든요. 그러다가 그날은 저에 대해서, 제가 살아온 삶에 대해서, 소장님이 이것저것 물어보셨잖아요. 처음엔 이야기가 잘 안 나오더라고요. 왜 그랬을까 생각해보니 작품이나 캐릭터 말고 저 자신에 대해서 이야기를 할 기회가 최근에 별로 없었던 것 같아요. 진짜 오랜만에 드는 감정이었어요. 요즘 무슨 생각을 하고 살았지? 돌아보기도 하고. 그동안 나를 지키지 못하고 살았나, 다른 사람들한테 너무 맞춰져 있었나 하는 생각도 들고.

U   작품을 통한 이미지 때문인지 마냥 밝고 직선적인 사람일 거라 생각했는데, 실제로 만나보니 차분한 데다 목소리 톤도 낮고 부드러운 곡선의 사람이었어요.

H   누구랑 있느냐에 따라서도 되게 달라지는 것 같아요. 상대방에게 자연스럽게 맞춰진달까. 그 사람에게 맞춰 분위기를 자연스럽게 조율하고 싶은 마음이 제 속에 항상 있나 봐요. 야구를 하면서 투수로, 외야수로, 3루수로 다양한 위치에서 다양한 시점으로 경기를 보는 훈련을 계속해왔어요. 그중에서도 포수로서의 재능을 봐주셨죠. 포수는 쉽게 말해 그라운드의 감독이라고 생각하시면 돼요. 투수를 리드하는 동시에 외야수, 내야수의 움직임을 전체적으로 다 봐야 해요. 거기에 다른 상대팀에 대한 파악도 해야 하죠. 그리고, 정확히 포수의 역할은 아니지만, 벤치에 있을 때는 응원 담당이었거든요. 이런 습관이나 감각이 아직 몸에 배어 있는 것 같아요.

U   야구를 시작한 계기가 있었나요?

H   어릴 때는 또래 남자아이들이 누구나 하는 취미 정도였어요. 그러다가 초등학교 3학년쯤, 몇십 명 정도 뽑는 선수반 테스트를 보라는 거예요. 그런데 이상하게도, 그 테스트를 받기 싫었던 기억이 아직도 생생해요. 이 운동이 내 업(業)이 되리라는 걸 감으로 알았던 걸까요. 여튼 거기서 선발되었고, 말랑말랑하던 공이 프로야구 선수가 쓰는 딱딱

한 공으로 바뀌었어요. 인천이 고향이고 초등학교 때까지는 쭉 인천에서 살았는데, 중학교 때부터는 야구 때문에 계속 전학을 다녔어요. 중학교는 세 번 정도 옮겨 다녔고, 야구를 그만두기 전까지 고등학교는 강릉에서 다녔어요. 이동이 많았죠.

U 훈련도 만만치 않았을 텐데 가장 예민할 수 있는 청소년기에 한곳에 머물지 않았던 삶이라니, 힘들지 않았나요?

H 기억을 더듬어보자면 그 안에 힘든 일도 행복한 일도 다 섞여 있었던 것 같아요. 하지만 낯선 곳에 가면 늘 새로운 게 있잖아요. 지금도 옮겨 다니며 머물렀던 지역들이 각기 다른 느낌이나 색으로 제 안에 남아 있어요. 대신 어머니가 많은 것을 희생하셨죠. 저 때문에 인천에서 아무 연고도 없는 곳으로 삶의 터전을 옮기셔야 했으니까요. 먼 거리로 직장 출퇴근하시는 게 보통 일이 아니었을 텐데 매 경기 따라다니시면서 응원하는 일도 계속하셨죠. 게다가 엄마 눈에는 아직 어린 아들이, 힘들게 운동하고 거기다 부상까지 당하는 걸 지켜보는 속상함은 또 어떠셨겠어요. 엄마가 참 많이 울었어요. 모든 게 죄송하고 또 감사해요. 이제는 부디 어머니 본인을 더 챙기고, 엄마 자신의 행복만 생각하길 바라요. 그래도 가끔은, 아들도 잊지 마시고 인천에서 신포 닭강정 사서 놀러 와 주면 좋겠어요. (웃음)

U 집안에 체육 유전자가 있나요?

H 아예 없어요. 저는 외동이고, 엄마는 은행에 다니셨고, 친척 쪽에도 예체능 계열은 없어요. 학교 선생님도 있고, 사촌 동생은 약대를 다니고. 처음에 제가 야구를 한다고 했을 때 할머니도 반대하셨고, 어머니도 이렇게까지 야구를 계속하길 바란 건 아니었어요. 한번은 차 안에서 야구 문제로 엄마와 크게 다툰 적도 있어요. 그때 제가 했던 말이 아직도 기억나요. "내가 좋아하는 거잖아, 엄마. 내가 좋아하잖아." 시합에 나가면 자주 구르고 부상도 많았지만, 참 야구를 좋아했어요. 어머니도 고집이 센 편이신데, 결국엔 제가 이겼죠. 사실 엄마도 느끼셨던 것 같아요. 제가 필드에서 뛰노는 걸 얼마나 좋아하는지. 돌이켜 보면 항상 중요한 선택의 순간에는 다른 의견에 휩쓸리지 않고, 제가 하고

싶은 걸 분명하게 말했던 것 같아요. 후회하는 게 정말 싫었거든요. 대신 '내가 내린 결정이니까 내가 책임진다'는 마음이 강했죠.

U 스포츠맨으로 살았던 흔적은 아직도 많이 남아 있나요?

H 경기 중의 긴장감도 좋았고, 시합에서 이겼을 때의 짜릿함도 꽤나 즐기는 사람이었던 것 같아요. 어떤 하나로 딱 설명할 수 있는 감정은 아니었죠. 체력이나 끈기, 악바리 근성 같은 것들도 여전히 남아 있어요. 대신 이제는 그렇게 단련된 힘을 어디에 집중하고, 어떻게 써야 할지를 알게 된 것 같아요.

U 부상은 없었나요?

H 몸을 사리는 편은 아니었고, 정확히는 팀에 들어가면 그런 선택권을 가질 수 없는 환경이었죠. 훈련이란 게 구르기 싫어도 굴러야 하고, 머리에 피가 나도 일단 박아야 했으니까요. 본격적으로 야구를 시작하고 나서부터는 이런저런 잔부상이 정말 많았어요. 중학교 1학년 때는 발목이 부러져서 같은 학년을 두 번 다니기도 했어요. 제가 2002년 1월생이라 빠른 연생으로 들어간 게 그나마 다행이었지만. 실제로 부상 때문에 경기에서 뛴 시간보다 재활에 쏜 시간이 많았을 정도였어요. 알게 모르게 점점 지쳐 갔나 봐요. 그러다가 어느 순간, 이제는 야구가 더 이상 즐겁지 않구나, 행복하지 않은 순간이 더 많다는 걸 깨달았어요. 그래서 강릉고를 떠나기로 결심했죠.

U 당시 열여섯, 인생에서 가장 오래 해 온 것이 야구였는데, 그걸 그만둔 삶은 어땠나요?

H 저는 진짜 야구밖에 몰랐더라고요. 당시엔 그렇게 다치면서도 계속 야구를 하고 싶어 했고, 제 삶의 모든 게 그냥 다 야구였으니까요. 그만두고 나서는 한동안 야구 쪽은 아예 쳐다보지도 않았어요. 중계도 잘 안 보고, 관련된 것들을 모두 차단했죠. 깡그리 잊고 싶었던 것 같아요. 그래도 점점 편해지고 있어요. 조금씩 받아들이는 것 같아요. 뭐 어때? 상처는 상처고, 그래도 배운 건 많았잖아, 라고. 하지만 여전히 야구 이야기를 하면 어떤 부분 힘들긴 해요. 제 초중고 시절을 모두 바친 운동이잖아요. 잘하고 싶었고, 최선을 다했어요. 하지만 부상과 재활

만 반복하다 보니 결국 여기까지인가 싶었죠. 됐어, 할 만큼 했어. 여기서 더 하면 객기고 시간 낭비라고 생각했어요 그동안 지지해 준 어머니에게는 불효겠지만 당시 저는 제 인생을 더 이상 그렇게 방치할 수 없었어요. 그만두겠다고 결심하고 일단 강릉 기숙사에서 나와 집으로 돌아왔어요. 말하자면 도망친 거죠. 어쩌면 제 인생 첫 번째 실패였어요.

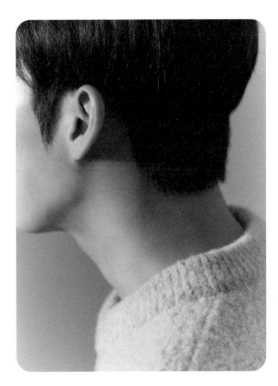

야구밖에 모르던 '안경 쓴 빡빡이' 소년은
익숙한 경기장을 떠나기로 마음먹었다.
투수의 손끝, 타자의 시선, 주자의 움직임을
읽던 플레이어는 새로운 게임을 시작했다.
유니폼 대신 배역을 입고, 사인 대신
감정을 전하며, 공 대신 대사를 던졌다.
포수 미트처럼 단단하고 탄력 있는 심장은
상대의 마음을 척척 받아내기 시작했다.
관중의 환호 대신 관객의 몰입을 기다리며
입성한 새로운 그라운드는, 예뻤다.

견제구가 아니라 새로운 그라운드에서

U 어쩌다 야구하던 공이 연기하는 방향으로 커브를 돌게 된 걸까요?

H 그때가 고1이었어요. 물론 실패했지만 결코 패배라고 생각하진 않았어요. 다른 학교로 전학해 야구를 계속할까도 고민했지만, 재활을 하다 보니 점점 아니라는 생각이 굳어졌어요. 더 이상 재미도 없고, 이렇게 해봤자 끝이 보인다는 게 느껴졌죠. 그리고 그 시기에 할머니가 돌아가셨어요.

U 여러모로 힘든 시간이었겠네요.

H 방황도 많이 했고, 주변에서도 걱정을 많이 하던 때였죠. 운동을 저처럼 오래 하다가 그만둔 사람들이 선택한 좋지 않은 길도 많이 봤어요. 하지만 저는 '절대 그런 길은 안 간다. 뭐라도 찾자!'고 마음먹었어요. 사실 야구 말고 할 줄 아는 게 없긴 했지만요. 처음에는 랩 가사를 썼어요. 그때가 〈고등래퍼〉랑 〈쇼미더머니〉가 한창 방영되던 때여서 가사를 끄적여봤죠. 그런데 실제로 녹음을 해보고 나서는 랩은 그냥 취미로 즐겨야겠다는 판단이 바로 섰어요. 그때부터는 영화를 연달아 엄청 많이 봤죠. 어떤 영화는 주변에서 "너 왜 이렇게 울어?" 할 만큼, 눈물도 참 많이 났어요. 영화를 보고 나서는 거울을 보면서 비슷한 표정을 지어 보기도 하고, 따라 해보기도 하고요. 그러던 중에 계원예고에 다니고 있던 초등학교 동창 한 명이, 거기서 편입생 두 명을 뽑는다고 알려 주더라고요. 그 친구 추천으로 분당에 있는 연기 입시 학원에 등록했고, 계원예고 편입을 목표로 한 달쯤 수원에서 성남까지 전철 타고 다니면서 학원에 다녔어요. 발성, 호흡 같은 기초를 배웠죠. 하지만 계원예고에는 떨어졌어요. 고2 4월쯤이었나? 압구정에 있는 매체 연기 학원으로 옮겨서 수업을 받던 무렵에 한림예고 편입 공고가 났고 그때부터 짧게 1:1 티칭도 받게 됐죠.

U 집에서 반대는 없었어요?

H 명절에 친척들이 모였을 때, 이제 연기하겠다고 했더니 다들 그냥 웃으셨어요. 큰 기대도 없었는지 딱히 말리시지도 않더라고요.

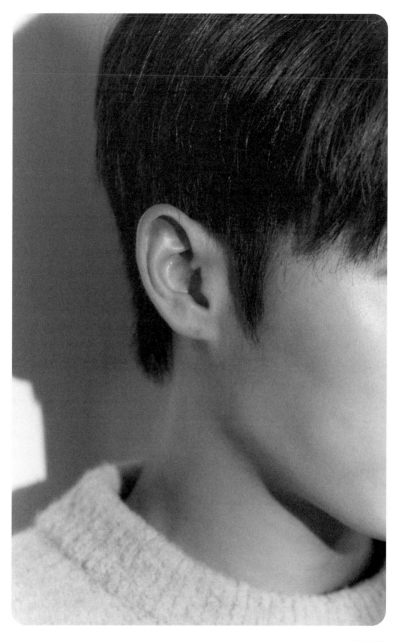

"그래, 현욱아. 너 하고 싶은 거 다 해라." 하셨죠. (웃음) 야구할 때 저는 그냥 '안경 쓴 빡빡이'였거든요. 커다란 뿔테 안경, 진짜 이-따만 한 거 쓰고 다녔어요. 콘택트렌즈는 고1 때 야구를 그만두기 직전에 처음 껴 봤고요. 대신 그때도 멋 부리는 걸 좋아했어요. 야구용품도 좀 더 폼 나는 걸로 고르려고 했고요. 옆머리도 보통 6mm인데 저는 3mm로 자른다거나, 헤어 스크래치를 내는 식으로 나만의 디테일을 살리려고 했다가 야구부에서 혼난 적도 많아요. (웃음) 야구를 그만두고 나서는 옷 쇼핑을 정말 많이 했던 것 같아요. 유니폼만 입다가 억눌렸던 게 확 풀린 거죠. 치아 교정도 그 이후에 시작했고요.

U　그래도 짧은 시간 준비로 예고 편입이라는 게 쉽진 않았을 텐데요.

H　당시 학원 선생님도 합격을 장담하지 못하셨어요. 한림예고는 아이돌 연습생들도 많이 지원하는 학교라고 하더라고요. 그래도 이번 기회만큼은 절대 놓치고 싶지 않았어요. 하는 데까지는 해보자는 마음으로 준비했죠. 제 대기 번호가 14번이었나? 복도에서 기다리고 있는데, 시험장 안 소리가 다 들렸어요. 그런데 대부분 준비한 걸 끝까지 보지도 않고, 중간에 끊는 경우가 많았어요. 그러니까 오히려 용기가 생기더라고요. 이왕 하는 거, 후회 없이 해보자. 뻔한 형식 말고 그냥 미친 척해보자. 일단 다르게 보여야 시선을 끌겠구나라고 생각했어요. 평범한 시작 대신 심사하시는 선생님들 한 분 한 분에게 인사를 하고 시작했어요. 뮤지컬 느낌도 살짝 섞고, 나만의 연기! 나만의 비법!을 다 보여 주겠다는 기세를 담아.

U　결과는요?

H　아직도 그날을 잊을 수가 없어요. 어쩐 일인지 유독 수업 시간에 핸드폰을 내기가 싫더라고요. 수학 시간이었나? 문자가 왔어요. '축하합니다. 한림예고 편입학에 합격하셨습니다…' 으아아아아아! 너무 좋아서 책상을 들어 엎고 복도를 막 뛰어다녔어요. "쌤! 핸드폰 안 내서 죄송합니다! 대신 오늘 청소할게요!" 솔직히 합격자 발표일을 까먹고 있었을 만큼 아예 기대를 못하고 있었거든요. 진짜 너무너무 기뻤어요.

150

U　완전히 다른 세상으로 들어가게 된 거잖아요.

H　여긴 어떤 학생들이 있을까? 기대와 설렘도 있었고, 다들 연예인인데 나만 너무 못생긴 거 아니야? 하는 걱정도 있었죠. 들어가 보니 정말 자유로운 분위기였고 개성 있는 친구들도 되게 많았어요. 제 속에서 다른 호기심들과 열정이 마구마구 생겼던 것 같아요. SNS에 사진도 많이 찍어 올렸죠. 다른 학생들처럼 #한림예고 #일상 #여행 같은 태그를 달면 유튜브나 웹드라마 제작사 같은 곳에서 연락이 오기도 했어요. 그중 하나가 〈리얼:타임:러브〉였고요. 제 첫 오디션이었죠. 바로 작은 역할에 캐스팅이 됐다는 거예요. 그리고 며칠 뒤에 또 연락이 왔어요. 원래 주인공이었던 형이 입시 때문에 못 하게 되어서 제가 문예찬 역으로 결정됐다고 하더라고요.

U　진짜 '직업으로서의 연기'를 시작하게 된 거네요.

H　전엔 일당 5만 원 받으며 이천 물류센터에서 상하차 아르바이트도 하고, 횟집에서 일한 적도 있어요. 예고 다닐 때는 카페 아르바이트도 했었고요. 〈리얼:타임:러브〉 시즌 1, 2 때는 회사 없이 혼자 활동했는데 그래도 출연료가 학생 치고는 많은 편이었어요. 그때까지만 해도 집에

알리고 한 건 아니었어요. 하루는 어머니가 "너는 요즘 학교 안 가고 도대체 뭐 하고 다니니?" 하셔서, "유튜브 웹드라마라는 걸 찍고 있어"라고 했죠.

U 그라운드가 아니라 카메라 앞에 서보니 어땠어요?

H 처음엔 카메라 앞에서 손을 어디에 둬야 할지도 몰랐어요. 대사 치는 데도 손이 막 떨리고. 대신 웹드라마는 대본도 분명 있지만, 특정 상황만 주어지는 경우도 있었거든요. 거의 시트콤처럼 배우들끼리 만들어 가야 하는 경우도 많았죠. 희한하게도 그런 경우가 훨씬 결과물이 좋았어요. 그때는 '문예찬'이라는 캐릭터를 연기한다기보다는, 고등학생 최현욱이라는 본체로 움직이는 부분이 더 컸어요. 다행히 〈리얼:타임:러브〉 시즌 1이 학생들 사이에서 인기가 많아서 다음 시즌도 이어서 찍게 됐고, 그 시기에 매니지먼트 회사에서 연락이 왔어요. 이어서 출연한 〈만찢남녀〉도 반응이 좋았고, 결국 〈모범택시〉로 지상파 데뷔까지 하게 되었죠.

U 연기를 해보니 뭐가 제일 재밌었어요?

H 그냥, 연기라는 행위가 다 재밌었어요.

U 할 때가요? 아니면 끝나고 볼 때가요?

H 그때는, 볼 때만요. 사실 〈모범택시〉 촬영을 마쳤을 때는 내가 과연 잘 한 걸까? 제 연기에 대한 확신이 없었어요. 대신 방영된 이후에는 반응이 좋았잖아요. 기분이 너무 좋더라고요. (웃음) 〈모범택시〉가 방영될 때는 이미 〈라켓소년단〉을 촬영하고 있었는데 드라마 스태프들과 저녁 먹는 식당에서 다 같이 봤거든요. TV에 나와서 연기하는 내 모습을 보는데, 재밌기도 하고 신기하기도 하고 기분이 묘했던 기억이 나요.

156

"너는 눈이 왜 이렇게 슬프냐"

U 〈스물다섯 스물하나〉는 배우 최현욱의 대중적 도약대로 자리 잡았어요.

H 많이 알아봐 주시게 된 건 확실히 〈스물다섯 스물하나〉인 것 같아요. 〈라켓소년단〉 찍고 있을 때 〈스물다섯 스물하나〉 오디션이 들어왔어요. 욕심이 많이 났던 작품이었고, 너무 하고 싶었죠. 그때가 한여름이었는데, 문지웅이라는 캐릭터에 맞추느라 가죽 재킷 같은 걸 입고 갔어요. 가보니 카메라를 앞에 둔 미팅이었어요. 일반적인 오디션 형식보다는 테스트 촬영이랄까. 너무 떨리는 거예요. 제가 안 그렇게 보이는데 엄청 떨어요. 괜찮은 척했지만 몸은 거짓말을 못 해서, 라이더 재킷 안으로 땀을 뻘뻘 흘렸던 기억이 있어요.

U 유독 교복 입는 역할을 계속해 왔잖아요.

H 어쩌면 딱 제 나이 때 할 수 있는 역할들을 해왔다고 생각해요. 모두 교복을 입고 있지만 저는 모두 다른 친구들이라고 생각했어요. 누군가는 '교복' 자체를 주목하겠지만 크게 신경 쓰진 않았어요. 왜냐하면 결국 그들이 다른 인물이라는 걸 보여 드리는 게 제가 하는 일이니까요. 〈라켓소년단〉의 우찬이, 〈스물다섯 스물하나〉의 지웅이, 〈약한영웅〉의 수호, 〈반짝이는 워터멜론〉의 이찬이, 〈하이쿠키〉의 호수, 모두 교복을 입고 있지만 학교마다 교복 디자인도 다르고, 어떻게 입느냐에 따라서 분위기도 다르고, 무엇보다 그 안에 있는 사람이 다 다르잖아요. 특정 직업군에 속해 있다고 해도 모두 같은 사람이 아니듯이 말이죠. 대신 공통적으로 어딘가 결핍이 있고 저마다 아픈 구석이 있는 친구들이었던 것 같아요. 군복을 입은 〈D.P. 2〉의 아휘도, 유일하게 교복 혹은 군복을 입지 않는 〈그놈은 흑염룡〉의 반주연 역시 많은 걸 가진 재벌가의 사람이지만 안쓰러운 구석이 있죠.

U 여전히 배우 최현욱을 소개할 때 가장 자주 사용되는 "7반 이쁜이"라는 표현이 〈스물다섯 스물하나〉에서 나오죠. 그 말에 유림(김지연)이 "근데 별로 안 예쁜 것 같은데"라고 말하자 지웅이는 굴하지 않고

"하는 짓이 예뻐. 차차 보여줄게. 기대해"라고 하잖아요. 오목조목 인형처럼 예쁘게 생긴 건 아닌데 점점 그 별명이 납득이 되고 지웅이의 예쁜 자신감에 빠져들었던 것 같아요.

H 지웅이는 그때 당시에는 좀 통통한 귀여움이 있었고 약간 투박한 면도 있죠. 그러다가 저돌적인 면도 있고. 스스로 "7반 이쁜이"라고 얘기하고 다니고 유림이에게도 솔직하게 감정을 표현하는 걸 부끄러워하지 않잖아요. 하지만 모두 동해 바다로 놀러 간 장면에서 스피커폰으로 엄마와 통화를 하다가 어린 시절 부모님이 이혼했다는 걸 친구들이 알게 되잖아요. 그때 지웅이는 되게 무덤덤하게 전화를 받아요. 밤 근무 있는 엄마 안부까지 걱정하면서 끊고. 사실 지웅이가 저라고도 볼 수 있어요. 그런 모습이 그 시절 제 안에 있었던 것 같아요.

U 배우들이 특정 캐릭터에 끌리는 것은 단순히 인물과 똑같은 경험이 있어서는 아닐 거예요. 오히려 너무 비슷하다면 피할 수도 있겠죠. 대신 그 인물 속에 있는 비슷한 결핍의 냄새를 맡는 건 아닐까, 라는 생각을 해봤어요. 전혀 의식적인 선택은 아니었다고 해도 배우의 작품 선택에는 어떤 공통점이 읽히기도 하거든요.

〈스물다섯 스물하나〉

H 그래서 참 신기해요. 항상 그저 대본이 재미있어서 결정한 건데 말이에요. 그런데 보시는 분들의 반응을 보면 결핍이 있는 인물들을 연기하는 저에게 더 몰입해 주시기도 해요. 배우마다 혹은 시기마다 연기에 접근하는 방식은 모두 다를 거라고 생각해요. 곧 저와 연결점을 하나도 찾을 수 없는 감정 제로의 빌런을 연기할 수도 있겠죠. 하지만 지금까지는 지난 경험들을 비춰서 혹은 제 내부에서 단서를 찾아 연기를 해 왔던 것 같아요

U 건강하고 에너지 넘치는 모습과 달리 작품마다 유독 병실에 누워 있는 신이 꼭 있어요. 구김살 없는 소년처럼 보이지만 부모나 가족의 부재를 안고 있는 역할도 많았고요. 〈라켓소년단〉의 우찬이는 아버지의 인정에 목말라하고, 〈반짝이는 워터멜론〉의 이찬은 "노름에 정신 팔려서 부모 자식 다 팽개치고 팔도강산 떠도는" 아버지를 원망하죠. 〈하이쿠키〉의 호수는 아픈 엄마 때문에 마약 쿠키를 제조하는 셰프가 되기도 하고 〈그놈은 흑염룡〉의 주연이처럼 할머니 때문에 진짜 자기 모습을 감추고 살아야 하는 인물도 있어요. 물론 홀어머니가 키운 〈스물다섯 스물하나〉의 지웅이, 할머니 손에 자란 〈약한영웅〉의 수호는 그 누구보다 몸도 마음도 건강한 소년들이지만요.

H 갓 스무 살 됐을 때였어요. 〈모범택시〉 촬영을 같이한 김의성 선배님이 "너는 눈이 왜 이렇게 슬프냐"는 거예요. 내 눈이 슬픈가? 나 지금 되게 나쁘고 못되게 보여야 되는 역할인데? 그런데 이제는 알 것 같아요. 제 눈이 그때 어땠는지. 그 신에서 김의성 선배님이 할아버지로 변장을 한 상태였거든요. 가만 보면 저도 모르게 어르신들 앞에선 뭔가 슬픈 눈빛이 나오나 봐요. 〈반짝이는 워터멜론〉에서 할머니 역으로 나오신 고두심 선생님을 볼 때도 그랬어요. 살아계실 때 저희 할머니가 고두심 선배님을 되게 좋아하셨어요. 진짜 많이 닮기도 하셨고요. 처음에 캐스팅되고 나서 어머니에게 막 자랑을 했어요. 우리 할머니 닮았잖아! 하면서. 연기하면서도 알게 모르게 고두심 선생님 얼굴 위로 할머니가 겹쳐 보이는 순간이 참 많았어요. 할머니는 저한테 제일 큰 존재예요. 그리고 여전히 그리워요. 어머니가 은행원으로 30년 근속하시는 동안 할머니가

저를 키워 주셨거든요. 덕분에 엄마는 오히려 친한 친구 같은 느낌이 들어요. 우리 엄마 진짜 귀여운데. (웃음)

U   유독 할머니와의 관계성이 중요한 역할들에 어울리는 이유가 있었군요.

H   고등학교 1학년 때 야구 그만 뒀을 즈음 할머니가 돌아가셨어요. 제 인생 첫 장례식이었는데 실감이 안 났어요. 하지만 저보다 어머니가 더 힘들 걸 아니까 슬퍼도 많이 참았던 것 같아요. 그 이후 배우가 되었고, 감사하게도 작품도 하나둘 선보이고 있잖아요. 지금 보답해야 될 사람은 할머니인데 아무것도 할 수 없다는 것이 되게 속상해요. 아직도 힘들 때마다 할머니 생각이 제일 먼저 나요. 어릴 때는 할머니랑 노는 게 제일 재밌었어요. 둘이서 앉아 민화투도 치고. 아! 그리고 할머니 집에 유선 전화가 있었거든요. 전화번호 책 보면서 제가 할머니 친구들한테 전화했던 기억이 나요. 놀이터에서 애들이랑 '경찰과 도둑' 놀이하면서 뛰어다니고 있으면 할머니들은 정자에 삼삼오오 모여서 고추 말리시던 장면도요. 〈반짝이는 워터멜론〉 대본을 받자마자 이 작품을 정말 하고 싶다는 생각이 들었어요. 이찬이처럼 저 역시 할머니 손에 되게 잘 컸다고 생각하거든요.

U   출생 연도와 상관없이 나이 드신 분들의 문화를 공유하면서 컸던 셈이네요.

H 맞아요. 그게 어렸을 때부터 익숙했어요. 그리고 그때 기억이 제일 좋나 봐요. 편안하고. 그 덕분에 〈스물다섯 스물하나〉의 레트로 문화에 자연스럽게 적응할 수 있었던 것 같기도 해요. 설날에 외가댁에 가면 할머니랑 친척들이 다 모여서 윷놀이하고 이런 것들도 재밌었죠. 지금도 그리워하고요. 어머니가 1남 4녀 중에 셋째인데 세 명의 이모들과 막내 외삼촌까지 참 사이가 좋아요. 안 그래도 '넥스트 액터' 결정되고 나서 엄마가 이모들과 속초로 놀러 가셔서 제 어릴 적에 대한 기억의 퍼즐을 회의를 하면서 같이 맞춰 나가셨다고 하더라고요. (웃음) 할머니가 돌아가시면서 가족들이 부쩍 가까워지고 결속된 게 느껴져요.

U 그것이야말로 할머니가 남기고 가신 가장 위대하고 값진 유산이네요.

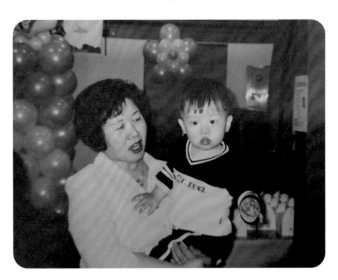

나? 연기의 수호천사… 같은 거?

U 김의성 배우가 "눈이 슬퍼 보인다"라고 했던 것처럼, 거칠고 센 역할을 연기할 때조차 어딘가 곱고 예쁜 데가 있어요. 마치 강한 남자 수호의 분홍색 수면 베개 같달까, 한 판 싸움 끝내고 병실에 누워 먹는 따뜻한 도가니탕 같은 온기가 느껴지거든요. 특히 우는 연기를 보면, 항상 길 잃은 아이처럼 엉엉 울더라고요. 이렇게까지 울면 되게 못생겨질 텐데, 라는 생각을 전혀 안 한달까.

H 〈그놈은 흑염룡〉 후반부에 반주연이 혼자 상처받고 눈물 흘리는 신들이 있는데, 그때 주변에서 야, 너 무슨 일 있냐고 장난으로 물어 볼 정도였죠. 물론 귀엽게 봐주시는 분들도 계셨지만. 주연이를 생각하면, 제가 연기했지만, 되게 속상하고 안쓰럽고 짠해서 마음이 많이 아팠거든요. 눈물이든 웃음이든, 뭐든지 자연스러운 게 좋아요. 억지로 뭘 못 하겠어요. 그게 저라는 사람이더라고요. 망가지는 것에 대한 두려움은 없어요. 어떤 걸 인식하고 연기하는 순간, 그게 제대로 안 되더라고요.

U 왼쪽 눈에서 몇 초 후에 눈물 또르륵… 이런 거 말이죠?

H 네. 그보다는 그냥 최대한 앞에 있는 상대 배우를 느끼려고 해요. 〈그놈은 흑염룡〉 때는 (문) 가영이 누나만 보면 그냥 눈물이 나왔어요. 혼자 하는 것보다 상대의 에너지나 감정을 받고, 같이 몰입이 되면 감정이 훨씬 더 잘 올라오는 편이죠. 가영 누나는 무엇보다 저를 정말 사랑스럽게 봐주세요. 그럼 저도 같이 느끼면서 대사를 뱉는 순간 감정이 차오르죠. 〈약한영웅 Class 1〉에서도, 수호가 마지막으로 싸우러 가기 전에 시은이네 집 앞에 찾아가 "잘 살았냐?" 묻던 장면은 원래 우는 신이 아니었어요. 지문을 보면 '눈물'의 '눈' 자도 없거든요. 결국 편집에선 빠졌지만, 사실 수호는 그날 울었어요. 그리고 시은이도 같이 울었고요. 7화까지 빌드업된 수호와 시은이의 감정선이 너무 좋았고, 무엇보다 이 아이들은 아직 고등학생이잖아요. 어른인 척 허세도 부리지만 자아가 완전히 형성되지 않은 상태의 친구들이고, 아마도 자기가 지금 어떤 감정을 느끼는지도 모를 수 있겠다는 생각이 들었어요. 물론 수호

〈약한영웅〉

는 어른스러운 구석이 많은 아이지만 그 순간엔 충분히 눈물이 날 수 있다고 생각했어요.

U 〈그놈은 흑염룡〉은 교복을 벗은 첫 작품이었죠. 혹시 나에게 맞지 않는 옷을 입는 건 아닐까, 하는 걱정은 없었나요?

H 걱정이 있었죠. 하지만 반주연은 본부장의 일상만 있는 게 아니잖아요. 정장을 입지 않았을 때는 어린아이 같이 자유로운 면을 가지고 있으니까요. 다행히 감독님이나 작가님이 제가 그런 두 면을 가지고 있다는 점을 어울리게끔 봐주셨던 것 같아요. 저 역시 그냥 본부장 반주연이기만 했다면 걱정이 컸을 거예요.

U 어떤 신인 배우가 등장하면 운과 시기 혹은 타고난 매력 덕분에 주목을 받고 때론 몇 작품에 걸쳐 행운이 찾아오기도 하죠. 하지만 어느 순간 현재의 상태를 들키는 타이밍이 오기도 하거든요. 사실 〈그놈은 흑염룡〉이 그럴 수도 있는 시기였고요. 저 역시 약간의 기대와 우려를 안고 지켜봤던 게 사실이었어요. 그런데 이 배우는 '아쿠마'(악마)든 '오이시'(맛있어)든 뭐든 자기만의 리듬 안으로 맛있게 끌고 들어오더라고요.

H 물론 배우로서 개선할 지점도 많이 보였죠. 하지만 그 역시 이 과정을 겪어보지 않았다면 몰랐을 부분이라고 생각해요. 자기만의 아지

〈그놈은 흑염룡〉

트에 있을 때의 반주연이 품고 있는 특징을 적나라하게 보여줘야겠다고 생각했어요. 오히려 더 뻔뻔하게 했어야 했는데, 하는 아쉬움이 남을 정도예요.

U 어느덧 배우 최현욱의 연기를 볼 때면 자연스레 기대하게 돼요. 대본으로만 읽었을 땐 평범하게 느껴졌을 대사인데, 곧 최현욱만의 리듬을 담은 변화구가 날아올 것 같은 예감이랄까요.

H 〈스물다섯 스물하나〉에서 선생님에게 재롱 부리는 장면이 있는데, 한 서너 테이크쯤 갔던 것 같아요. 그런데 매번 다르게 표현했던 기억이 나요. 집에서 대본을 읽다 보면 자연스럽게 다양한 표현이 떠올라요. 그러면 작품과 장면이 허락하는 범위 안에서 조금씩 '최현욱 식'으로 바꿔보는 거죠. 아마 자기애가 넘쳐서 그런가 봐요. (웃음) 내가 나를 재밌어하거든요. 웃음의 기세, 호흡, 저는 제 개그가 좋아요. 만약 대사가 '좀 뻔한데?' 혹은 '이거 살짝 오그라들 수 있겠는데?' 싶으면, 그럴 땐 다른 몸짓으로 승화시키기도 해요. 손짓을 더 사용한다거나, 아니면 아예 쓰러지면서 표현하는 식이죠. 〈약한영웅〉에서 수호가 다리를 벌리고 쉬지 않고 발을 움직이는 습관도, 격투기 운동선수 시절의 습관에서 비롯됐다고 생각했어요. 운동선수는 몸을 계속 움직이는 게 자연스럽고, 가만히 있는 게 오히려 더 힘든 사람들이니까요. 사전에

대본을 읽고 준비하는 건 당연하고, 현장에서 발생하는 다양한 상황과 변화에는 유연하게 대처하려고 해요. 포수는 경기가 시작되면 내내 심리 싸움을 하게 되거든요. 투수의 그날 컨디션, 타자의 강점, 감독님의 사인, 주자의 위치 등등 여러 각도로 생각을 해야 하죠. 연기에 들어가서도 그런 긴장을 놓치지 않으려고 해요. 그리고 가장 '저답게' 변형해가며 표현하는 거죠.

Ⓤ 현장에서는 준비한 티를 전혀 안 내는 편이라던데요.

Ⓗ 생각해보면 저는 모든 걸 일단 혼자 집에서 해놓고 나가는 사람이더라고요. 대본을 볼 때도 마찬가지예요. 특히 배우가 채울 수 있는 공간들이 많은 대본일수록 어떻게 하면 이 신을 재미있게 잘 살리고 잘 채울 수 있을지에 대해 집에서 시뮬레이션을 진짜 많이 해봐요. 단순히 대사만 치는 게 아니라 가능한 선에서 최대한 몸을 움직이고 현장을 상상하면서 이런저런 연기에 적용시켜 보는 거죠. 물론 카메라 앞에서 일어날 상황들은 충분히 열어두면서요. 결국 반반인 것 같아요. 혼자 집에서 보이지 않는 준비를 하는 건 당연하지만 현장에서는 공간과 상대의 호흡을 보면서 나머지 반을 완성시켜 나가는 거죠. 승부욕이라는 걸 야구할 때 너무 많이 써서 그런 건가? 굳이 나 대본 연구 많이 했어, 라는 걸 다른 사람 앞에서 드러내고 싶지는 않아요. 심지어 감독님이 그 애드리브는 좀 별로인데? 하는 것도 사실 집에서 준비한 거일 때도 있어요 (웃음) 하지만 제가 남몰래 열심히 해온 숙제를 애드리브가 아니란 걸 매번 알아봐 준 유일한 사람이 (홍) 경이 형이었어요.

Ⓤ 자신을 극한의 상황까지 몰아넣기도 하나요?

Ⓗ 때로는 진이 다 빠질 때까지 찍고 싶어요. 〈약한영웅〉에서 액션신 찍을 때도, 한 테이크만 더 가면 더 잘할 수 있을 것 같은데!, 싶은 마음이 계속 드는 거예요. 오케이가 났는데도 에너지도 체력도 계속 남아 있어서, 진짜 한 열 번은 더 갈 수 있었어요. 만약 촬영장 환경이 허락된다면, 저는 또 가고 싶었어요. 야구할 때부터 그렇게 단련되었고 결국 배우로서도 저를 그렇게 만든 것 같아요. 정말 한계까지, 아니 그 한계를 넘을 때까지 몰아붙이는 편이에요. 중학교 때 동계 훈련을 양산으로 간 적

166

이 있었는데, 산 두 개를 아침부터 해 질 때까지 쉬지 않고 계속 돌며 뛰었어요. 여름에 하루 종일 뛰다 보면요, 어떤 경지에 이르게 돼요. 걷기도 힘든데 뛸 수는 있는 상태. 정말 더는 못 가겠다…, 싶은 순간에도 발이 그냥 계속 움직이는 거예요. 그런 걸 직접 경험해 봤기 때문인지, 적당히 타협하는 것보다 극단적인 과정을 거쳐서 좋은 결과물이 나왔을 때 만족감이 훨씬 커요. 그 끝에 저도 몰랐던 제 새로운 모습을 마주하게 되는 순간을 되게 즐겨요.

"나는 왜"가 아니라 "쟤는 왜?"

U 영화나 드라마에 자극을 많이 받는 편인가요?

H 누가 좋다고 추천하면 편견 없이, 취향 없이 일단 다 봐요. 그렇게 재밌게 보다가도 한두 마디씩 대사를 따라서 해보기도 해요.

U 누가 시키지도 않고 카메라 앞도 아닌데 일상에서도 그러고 논다는 거죠?

H 맞아요. 완전 관객으로 빠져서 보는 작품도 있고, 보면서 제 나름 대로 연구를 이리저리 열심히 해보는 작품도 있어요. 이 장면에서 저 캐릭터의 마음은 뭐지? 상상해 보고 입 밖으로 내뱉어 보면서.

U 주변의 평가에 예민한 편인가요?

H 평가 자체에 예민하지는 않아요. 제가 연기한 모든 친구들을 사랑하고 그만큼 애정이 있으니까요. 혹시 부정적인 의견이라도 다 받아들일 수 있어요. 물론 좋은 반응에 기분이 좋아지는 건 어쩔 수가 없고요. 대신 작품이 나오면 연기하는 저를 분리해서 보는 편이에요. 아, 쟤는 반주연이구나, 이찬이구나, 수호구나, 호수구나. 그러니까 저는 시청자나 대중이 되어서 저 스스로를 '배우 최현욱'으로 보는 거죠. 그런 체크를 거치고 나면, 어떤 부분은 그냥 최현욱으로서 보여도 되겠다, 싶은 부분이 생기죠.

U 결국 이 일은 자신에 대한 믿음, 혹은 자신감이라는 게 없으면 안 되는 것 같기도 해요.

H 저는 항상 제 작품을 되게 재미있게 봐요. 시청자로, 팬으로서, 그리고 플레이어로서. 물론 제가 준비하고 연기하고 촬영했던 거니까 당연히 알고 있지만, 완성된 작품을 보면서 나도 몰랐던 제 표정들을 발견할 때가 있어요. 그날의 전체적인 흐름은 기억이 나는데, 어떤 순간 몰입한 나를 보면서 내가 저랬어? 할 때가 있죠. 물론 연기적으로 부족한 부분도, 앞으로 나아져야 하는 부분도 당연히 있을 거예요. 더 많이 배우고 또 공부해야 할 테죠. 그것이 결국 저 스스로를 연구해 나가는 과정일 수도 있는 거고요. 그러다 보면 계속 바뀌고 발전해 나가겠죠.

169

대신 시간이 흘러도 이것 하나만큼은 절대 잃고 싶진 않아요.

U 뭔가요?

H 계속 배우겠다는 자세. 그리고 나 자신을 사랑하는 마음. 그것만은 지금 이대로 가져가고 싶어요.

U 나와 '배우 최현욱'을 분리해서 계속 보려고 한다고 했었잖아요.

H 그렇게 노력한다기보다는 그냥 자연스럽게 그렇게 돼요. 제 연기를 보고 있으면 첫마디가 "나는 왜"가 아니라 "쟤는 왜?"가 돼요. 〈약한영웅 Class 1〉도 넷플릭스에서 서비스되면서 여러 번 더 봤거든요. 이미 3년 전에 찍은 작품이고, 수호라는 친구를 다시 보니 저 때 내가 저랬었구나, 너무 낯설더라고요. 당연히 준비했던 과정들에서 나온 결과지만 저런 말투를 계속 쓰려고 했었구나, 저런 걸 준비했었구나, 그래서 수호 같은 친구가 나왔구나라는 생각이 들었어요. 그 에너지가 지금의 저한테는 없는 것도 같아서.

U 한참 성장 중이라서?

H 몇 개월 전만 해도 내가 계속 성장 중이라고 느꼈는데 최근에는 그런 생각을 해요. 어쩌면 이런 게 나라는 사람일 수 있다고. 이렇게 계속 이 다양한 면과 다양한 마음을 동시에 품은 채 살아갈 사람이구나라고요. 때에 따라, 상황에 따라 그리고 누구를 만나는지에 따라서 달라진다는 걸 최근에 좀 더 많이 느껴요. 이번 '넥스트 액터' 인터뷰를 준비하면서 생각을 정말 많이 했던 것 같아요. 저라는 배우에 대해서 그리고 최현욱이라는 사람에 대해서. 저는 MBTI를 진짜 안 믿거든요. 할 때마다 계속 바뀌더라고요. 결론은, 나는 무엇이든 될 수도 있는 사람 혹은 그 어떤 것에도 속하지 않는 사람이라는 거였어요. 물론 이런 생각 역시 다시 바뀔지 모르겠지만, 지금은 있는 그대로의 나를 받아들이기로 했어요. 대신 그 어느 때보다 스스로를 지키면서 살고 싶은 마음이 커졌어요.

연기가 더 재밌어지는 중입니다

U 배우 최민식과 함께 찍고 있는 〈맨 끝줄 소년〉은 어쩌면 제목부터가 '맨 끝줄'일까요. 〈약한영웅〉의 수호가 그랬던 것처럼 맨 뒷줄에서 자다가 부스스 눈을 뜨는 최현욱의 얼굴은 너무 자연스러우니까요.

H 〈맨 끝줄 소년〉이라는 제목이 처음부터 너무 마음에 들었어요. 참 신기해요. 작품에서도 실생활에도 늘 거기 앉아 있었던 것 같은데. 4교시 끝나면 야구부 훈련 나가야 했으니까, 제 삶에서도 맨 끝줄에 앉아 있는 게 자연스러웠어요. 그러다가 선생님이 "너 앞으로 와!" 하면 맨 앞줄에 앉고.(웃음) 중간은 없었죠. 물론 〈약한영웅〉의 수호와 달리 〈맨 끝줄 소년〉의 이강은 교실이 아니라 강의실 맨 끝줄에 앉아있는 대학생이에요. 되게 당돌한 친구죠. 어떤 면에선 아이처럼 호기심 많고 감성도 풍부하고, 또 어떤 면에선 필터 없이 자기 할 말을 다 하는 친구랄까요. 제 안에 있는 다양한 면들을 많이 보여줘야 되고, 긴장감 면에서는 최민식 선배님과 맞붙을 수 있을 정도로 잘 준비해야 해요. 때론 상대하는 걸 넘어서 전체 극을 끌고 나가야 하는 부분도 있죠. 그래서 떨리기도 하지만 한편으로는 정말 잘해보고 싶다는 욕심도 되게 커요. 일단 대본이 정말 재미있어요. 한두 번 볼 때와는 다르게 계속해서 새로운 면이 발견되고, 또 다르게 해석되는 부분이 있어요. 보통은 대본 전체를 한 번 쫙 본 다음, 신 단위로 계속 훑어보는 편이거든요. 전작들의 경우엔, 제 입에 맞게 대사의 어미 같은 걸 고쳐나가기도 했어요. 하지만 이번엔 시나리오에 좀 더 충실한 방식으로 연기하자고 생각하고 있어요. 대신 걸음걸이, 앉아있는 태도, 얼굴의 움직임까지 실제로도 연기적으로도 지금까지 안 써왔던 근육을 쓰게 될 것 같아요.

U '최민식 X 최현욱'의 만남에 대한 기대도 커요.

H 처음 단체 리딩 날에는 제 연기에 집중하기보다 선배님 하시는 걸 관찰하는 쪽에 가까웠어요. 어떻게 하실까? 궁금증을 안고 지켜봤죠. 그런데 일단, 그저 감탄의 웃음이 절로 나왔어요. 잘하시는 건 당연하겠지만 와, 대단하시다, 하면서 봤어요.

U 〈그놈은 흑염룡〉이 교복을 벗은 배우 최현욱의 가능성과 대중성을 입증했다면 〈맨 끝줄 소년〉은 연기에 있어서 또 하나의 승부처가 될 거라는 느낌이에요.

H 물론 저라는 배우를 제대로 입증하고 싶다는 마음이 없다면 그건 거짓말일 거예요. 조금 건방지고 이기적으로 말하자면 민식 선배님을 이길 정도로까지 잘해보고 싶거든요. 하지만 현장에서는 잘하고 싶다는 최현욱의 욕심을 드러나는 게 아니라 '이강'이라는 이 인물을 어떻게 제대로 드러낼지에 더 집중하고 있어요.

U 그 패기 있는 도전을 최민식 씨도 반기지 않을까요? 모든 배우들은 상대가 누구든 최고의 경기를 치르고 싶다는 마음으로 무대 위에 올라갈 테니까요.

H 이미 이강 역에 많은 배우가 오디션을 봤다는 사실을 알고 있었어요. 그리고 민식 선배님이 모든 오디션 현장에 직접 오셨다는 것도요. 사실 처음 뵀을 때, 땀이 엄청 나는 거예요. 하지만 '절대 쫄지 말자'고 마음을 다잡으며 마인드 컨트롤을 정말 많이 했어요. 리딩이 끝났을 때 선배님이 "같이 밥 먹자"고 하시더라고요. 알고 보니 제가 오디션 끝나고 처음으로 밥을 같이 먹은 배우였대요. 연기하는 그 순간만큼은 저도 눈빛이나 기세에서 선배님께 밀리고 싶지 않아요. 그동안은 화합이 중요한 작품들을 주로 해왔다면, 요즘에는 서로 맞닥뜨리는 가운데 긴장감이 생기는 상황과 작품에 좀 더 끌려요.

U 물론 연기란 결국 협업이지만, 평화로운 흐름 속에 나오는 결과물이 있는가 하면, 충돌하며 생기는 에너지도 있겠죠. 그리고 제대로 부딪히고 깨지는 경험은 결국 나의 현재적 체급을 정확하게 판단하게 만들 거라고 생각해요.

H 현장에서는 선, 후배 상관없이 긴장감을 더 즐기는 것 같아요. 상대역이 저한테 진심으로 달려와줄 때 저도 진심으로 신나거든요. 나도 그만큼 에너지를 더 쓰고 함께 더 큰 시너지 효과를 내고 싶은 마음이 행복하게 차올라요. 이제 막 촬영을 시작했는데, 민식 선배님과 1:1로 상대하는 신에서는 대본의 지문에 쓰여 있지 않은 감정들을 온몸으로

느끼고 있어요. 벌써부터 앞으로가 더 기대돼요. 선배님 덕분에 연기가
더 재밌어지는 중입니다.

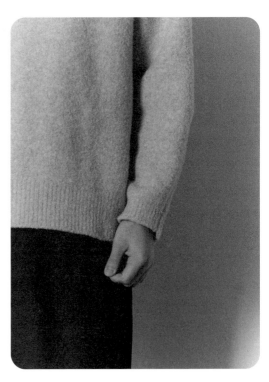

176

'최현욱'이라는 배우가 세상에 있습니다

U   어느덧 데뷔한 지도 6년이 넘었어요.

H   〈반짝이는 워터멜론〉을 통해 나와 다른 사람에 대한 이해와 존중을 배웠고, 〈D.P. 2〉 〈하이쿠키〉를 찍으면서 사회를 배우기도 했죠. 〈약한영웅〉의 수호를 만나지 않았다면 수호 같은 성격을 닮아가기 어려웠을 거예요. 〈그놈은 흑염룡〉에서 "좋아하는 것들을 더 마음껏 좋아하시길 바랍니다"라는 대사를 내뱉으며 저 역시 제가 진짜로 좋아하는 것이 무엇인지 돌아보게 되었어요. 그렇게 매번 배워요. 세상과 저라는 사람에 대해, 사람과 사람 사이의 관계에 대해 그리고 세상을 바라보는 시선에 대해.

U   어쩌면 연기와 작품으로 대학을 다니는 중이네요.

H   와! 진짜 그러네요. 정말 연기를 하면서 학교를 다니는 것 같아요. 진짜 배워야 할 것들을 공부하고 있어요.

U   과제도 작성하고요?

H   일기를 최근부터 쓰기 시작했어요. 그날 무슨 일이 있었는지가 아니라 그날 무슨 감정이 떠올랐는지, 말로 하면 오그라들 수도 있고 아니면 쟤 왜 저래?라고 할 수도 있는 그 순간의 감정을 그냥 일기에 쓰려고 해요. 너무 복잡할 때라든가, 좀 고단했던 하루를 보내고 나서도 그냥 써요. 일기에 쓰면서 스스로에게 물어보는 게 도움이 되더라고요. 이런 생각은 나를 갉아먹는 것 같은데? 지금 나의 감정은 뭐지? 몇 주 전과 달라졌구나, 결국 나는 나대로 살아가야겠구나, 식으로.

U   자기를 아는 게 제일 어렵잖아요.

H   아직도 모르는 게 많죠. 하지만 그 어떤 순간에도 저를 잃고 싶지 않은 게 제일 큰 것 같아요. 누군가를 닮았다거나 누군가를 대신하는 배우가 아니라 제 이름 자체로 존재하고 싶어요. 이제 겨우 스물네 살 밖에 안된 배우지만 '최현욱'이라는 배우가 세상에 있다는 것을 보여드리고 싶어요. 그래서 이 책으로 저에 대해 얘기할 수 있는 기회가 와서 정말 감사했어요. 물론 지금 기록되고 박제된 생각들이 10년 후

저의 생각과 꼭 같지 않더라도 말이에요. 예전에는 배우로서의 나와 인간 최현욱 사이에 약간의 괴리가 있었다면, 지금은 그렇게 생각해요. 그냥 저라는 사람이 쌓아온 경험과 감정을, 배우라는 직업을 통해 만난 특정 역할에서 꺼내고 있다고. 그리고 앞으로도 제가 겪게 될 삶의 많은 경험들의 토대 위에 더 예민하게 꺼낸 감정을 연기로서 관객들에게 내놓는 일을 계속하게 될 거라는 것을요.

U 〈약한영웅 Class 2〉에서의 너무 반가웠던 수호의 등장 외에도 2025년 하반기에 촬영에 들어가는 작품이 세 편 가량 됩니다. 남들보다 월등히 빠른 속도로 달려왔고 그만큼 내어놓은 결과물도 많아요. 처음 연기를 시작할 때쯤 꿈꿨던 내가 되어 가고 있는 것 같나요?

H 그때도 지금도 저는 미래를 꿈꾸고 하지 않았어요. 뭐가 되고 싶었던 것도 아니었고요. 난 언제까지 이 일을 할 거야, 도 없었어요. 그저 일단 하자, 이 일이 좋으면 계속하겠지, 였었죠. 그런데 너무 재밌는 거예요. 대신 요즘 드는 새로운 생각은 하나 있어요. 연기를 오래 하고 싶어졌어요. 진심으로 행복하게, 건강하게. 감사하게도 빨리 많은 기회를 얻은 만큼 이 길을 잘 가고 싶은 마음이 점점 확실해져요. 인간으로서든 배우로서든, 잘 살아가고 또 잘 나아가고 싶어요. 그리고 이런 이야기를 언젠가 많은 분들 앞에서 할 수 있는 기회가 꼭 한 번은 있었으면 좋겠다는 꿈도 꾸기 시작했고요.

U 하루 빨리 시상식에서 상을 받아야겠네요. (웃음)

H 너무 좋죠. 뭔가 그런 목표 같은 것들이 요즘 생기기 시작했어요. 책임감이라는 것도 점점 더 생기고. 그리고 꼭 이건 얘기하고 싶었는데… 이런 인터뷰의 시간이 꼭 저에게 필요했구나, 느끼고 있어요. 너무 감사했어요. 여러모로 혼란스럽기도 한 시기였는데 이 과정을 통해 저에 대해 제대로 다시 생각할 수 있었거든요. 덕분에 사라진 어린 시절 기억을 되찾느라 엄마와 통화도 많이 하고요. (웃음) 돌이켜 보면 저라는 사람을 솔직하게 드러낸 적은 어쩌면 한 번도 없었던 것 같아요. 하지만 이번에는 그러고 싶지 않았거든요. 이 귀한 시간을 담은 책 『넥스트 액터 최현욱』을 소장님과 함께 정말 잘 만들고 싶다는 생각이 커요.

열일곱 번째 넥스트 액터에게

2035년에 있을 넥스트 액터님, 안녕하세요. 저는 최현욱이라고 하고요, 2025년의 나이는 스물넷입니다. 어쩌면 우리는 이미 만나 함께 작품을 했을지도 모르겠네요. 10년 후라면 영화도 드라마도 지금과는 많이 달라져 있겠죠? AI가 세상을 지배하고 있을까요? 그래도 '넥스트 액터' 시리즈가 계속되고 있다는 건, 여전히 누군가는 연기를 하고 있다는 뜻일 테죠. 당신이 누구일지 모르지만, 같은 직업을 가진 사람으로서 분명 비슷한 부분이 있으리라 생각해요. 자기 자신을 지키는 게 쉽지는 않지만, 부디 건강하게 배우 생활을 해나가시길 바랍니다. 그리고 이 책의 작업을 통해 더 많이 배우시고 성장하시길 바랍니다. 그리고 서른넷이 되어 있을 10년 후의 현욱아, 어쩌면 이건 지금의 너에게 하고 싶은 말일지도 몰라.

WHO'S THE NEXT?

"저기 뒤에 분들은 누구셔? 보기 좋네"
〈약한영웅 Class 2〉

넥스트 액터 NEXT ACTOR
최현욱

1판 1쇄 2025년 6월 5일
1판 2쇄 2025년 6월 25일

기획	무주산골영화제 × 백은하 배우연구소
글	백은하 · 최현욱
편집	백은하
디자인	김나해
표지 레이아웃	옥근남
표지 사진	이다래
내지 사진	황혜정
교정 · 교열	김정희
인쇄	이지프레스

펴낸 곳	백은하 배우연구소
출판등록	2019년 2월 21일 (제2019-000023호)
주소	서울특별시 종로구 자하문로38길 12 2층 (03020)
전화	02-379-2260
홈페이지	www.unalabo.com
이메일	unalabo@icloud.com
인스타그램	@una_labo

ISBN 979-11-987151-1-1 (04680)
ISBN 979-11-966960-0-9 (세트)

값 20,000원
Copyright ⓒ 백은하 배우연구소, 2025